초등 문해력, 교과 어휘부터 해결한다

저자 김기용

최근 사회적 이슈가 되는 '문해력'을 어떻게 하면 쉽게 기를 수 있을지 매일 고민합니다. 아이들의 학습과 독서, 문해력 모두 결국 '어휘'로 시작해 '어휘'로 끝난다고 생각합니다. 따라서 효율적인 어휘 공부를 위해 아이들의 수준과 흥미에 적합한 공부 방법이 필요합니다. 〈초등 문해력, 교과 어휘부터 해결한다〉를 통해 모든 공부의 시작인 어휘를 쉽게 배우고 문해력을 향상시키는 데 도움이 되길 바랍니다.

저서 〈초등 문해력, 교과 어휘부터 해결한다 3-1, 3-2〉, 〈초등 공부는 문해력이 전부다〉, 〈초등 저학년 독서습관 만드는 결정적 시기〉, 〈초등 공부, 습관으로 정복하기〉, 〈온작품 읽기: 한 학기 한 권 읽기로 성장하는 아이들〉

- 공샘의 교육블로그: http://blog.naver.com/cutcut8
- 유튜브: 초등교사 공샘TV
- 팟캐스트: 초등주책쇼
- 메일: cutcut8@naver.com

**초등 문해력,
교과 어휘부터 해결한다 4학년 2**

지은이 김기용

초판 1쇄 인쇄 2022년 9월 7일
초판 1쇄 발행 2022년 9월 20일

발행인 박효상
편집장 김현
기획·편집 장경희
디자인 임정현
본문·표지 디자인 페이지트리
마케팅 이태호, 이전희
관리 김태옥

종이 월드페이퍼 | **인쇄·제본** 예림인쇄·바인딩 | **출판등록** 제10-1835호
펴낸 곳 사람in | **주소** 04034 서울시 마포구 양화로11길 14-10(서교동) 3F
전화 02) 338-3555(代) | **팩스** 02) 338-3545 | **E-mail** saramin@netsgo.com
Website www.saramin.com

책값은 뒤표지에 있습니다.
파본은 바꾸어 드립니다.

ISBN 978-89-6049-965-2 64710
      978-89-6049-938-6 (세트)

ⓒ 김기용 2022

 주의사항 종이에 베이거나 긁히지 않도록 조심하세요. 책 모서리가 날카로우니 던지거나 떨어뜨리지 마세요.

우아한 지적만보, 기민한 실사구시 **사람in**

글이 쏙쏙! 공부 재미가 쑥쑥!

초등 문해력, 교과 어휘부터 해결한다

김기용 지음

국어 사회 도덕 과학

4학년 2

사람in
saram
in.com

초등 문해력, 교과 어휘부터 해결하세요!

우리 아이들의 문해력은 안녕한가요? 4차 산업혁명 시대에 사는 우리 아이들에게 문해력의 중요성은 더욱 강조되고 있습니다. 우리에게는 수많은 가공된 정보와 가공되지 않은 정보가 주어집니다. 너무 많은 정보를 모두 이해하기는 어렵고, 나에게 꼭 필요한 정보를 찾아내기도 쉽지 않습니다. 따라서 무수히 많은 정보를 이해하고, 나에게 필요한 정보를 취사선택하여 새롭게 창조하는 4차 산업혁명 시대에는 문해력이 무엇보다 중요합니다. 그렇다면 우리 아이들의 문해력을 향상시켜주기 위해서는 어떻게 해야 할까요?

교육과정이 변화하면서 아이들이 배우는 내용은 점차 줄어들고 쉬워지고 있습니다. 하지만 아이들은 점점 더 공부를 어려워하고, 국가 수준의 학업성취도가 떨어지면서 이에 따라 실질 문맹률(글을 읽고 쓸 수 있지만 정확한 이해는 어려운 수준)은 점차 높아지고 있습니다. 환경적인 측면에서 생각해 보면 아이들은 공부를 더 잘해야 하지만 결과는 정반대입니다. 왜 그럴까요?

여러 원인 중 가장 큰 원인은 '**문해력의 부재**'입니다. 문해력은 글을 읽고 이해하는 능력에 넓게는 자기 생각을 다양한 방식으로 표현하는 것을 포함하는 개념입니다. 또한 공부를 잘하기 위한 독서, 글쓰기, 공책 정리, 규칙적인 습관, 복습 등 모든 조건들을 포함하는 개념이 '문해력'입니다. 요즘 아이들은 교과서를 읽지 않습니다. 읽을 필요가 없기 때문이죠. 친절하게 정리된 내용으로 공부합니다. 떠먹여 주는 공부에 익숙해지니 문장을 스스로 읽을 필요가 없고, 설명만 열심히 듣고 문제를 풀면 됩니다. 배운 내용을 새롭게 정리할 필요도 딱히 없으니 응용력과 표현력도 부족해집니다.

또 다른 원인은 '**부족한 어휘력**'입니다. 글을 읽고 이해할 때 가장 필수적인 요소는 어휘입니다. 이 어휘는 무조건 책만 많이 읽는다고 길러지지 않습니다. 각 교과목의 기본 어휘가 향후 어휘 학습의 바탕이 되므로 교과 어휘 학습은 무엇보다 중요합니다. 문해력에 앞서 어휘가 먼저라고 말하는 이유이기도 하지요.

세 번째 원인은 '**떨어지는 학습 자신감**'입니다. 아이들은 다양한 환경에서 친구들과의 실력차가 노출됩니다. 모르는 내용이 많으면 위축되고 아는 내용이 많으면 자신감이 커지기 마련입니다. 부족한 자신감이 누적된 아이들은 학습된 무기력에 빠지기도 합니다. "난 해도 안 돼.", "난 머리가 나빠.", "소용없어." 등 공부에 부정적인 생각을 가지게 됩니다. 첫 단추를 잘 꿰는 것이 중요하기 때문에 아이들이 학습 자신감을 유지할 수 있도록 많은 어휘를 익히고, 대화를 나누고, 문제를 풀고, 글을 써보는 활동이 꼭 필요합니다. 수업 시간에 우리 아이가 어려운 퀴즈를 모두 맞히거나 어려운 어휘로 멋진 글을 써 내려가면 친구들의 칭찬에 자신감이 쑥쑥 자라납니다.

네 번째 원인은 **공부와 거리두기에 최적화된 유튜브, 게임, TV 3형제**입니다. 줄여서 '유게티'라고 말씀드리겠습니다. 우리 아이 문해력을 기르고 싶다면 '유게티'의 자극적인 영상에 노출되는 것과 중독을 최소화해 주세요. 자극적인 어휘와 빠른 전개, 화려한 화면 전환에 익숙해진 아이들은 문해력을 기르기 힘듭니다. '유게티'와 함께할 때 우리 뇌는 아무런 반응을 하지 않는다고 합니다. 한마디로 사고를 하지 않는 거죠. 어휘가 폭발적으로 자라날 시기에 자극이 없다면 뇌 발달에 안 좋은 영향을 미칩니다. 자극적인 영상과 간단한 설명에 익숙해진 아이들에게 하얀색 배경에 까만색으로 쓰인 글씨는 어떤 느낌일까요? 따분하고 재미없겠죠. 글 전체를 다 읽기도 어렵고 읽어도 이해하기는 더욱 어렵죠. '유게티'는 사용 시간을 정해서 정해진 시간만큼만 할 수 있도록 해 주세요.

문해력은 정해진 공식에 숫자를 대입하여 답을 구하는 수학과는 많이 다릅니다. 어휘의 종류, 쓰임새, 문장, 상황에 따라 경우의 수가 무척이나 다양합니다. 문해력에서 가장 중요한 '어휘'는 반복 학습이 꼭 필요합니다. 이 책에서는 단어의 사전적 뜻을 읽고, 응용문제를 풀며 실제 지문에 쓰인 활용 문제까지 학습하면 자연스럽게 3번 반복 학습이 가능합니다. 배운 어휘를 실생활에서 사용하거나 글쓰기 등에 활용한다면 4번, 5번 복습도 가능하죠. 이처럼 학년 수준에 맞는 교과서의 어휘를 다양한 방식으로 풀어보며 우리 아이의 것으로 만든다면 성적의 키워드인 문해력의 기초를 충분히 쌓을 수 있습니다. 재미있게 공부한 어휘를 통해 문해력도 쑥쑥, 자신감도 쑥쑥 길러질 겁니다. 하루에 1챕터씩 20일! 주말을 제외하고 한 달 즈음이면 한 학기 어휘를 모두 정복할 수 있습니다. 아이와 함께 하루에 1챕터씩 풀며 즐거운 어휘 여행을 떠나 보세요.

저자 김기용

이 책의 차례

국어

국어 활동

사회

도덕

과학

이 책의 구성과 특징

1일 1챕터! 20일 완성 문해력 향상 프로젝트를 시작해 보세요. 꼭 목차 순서대로 공부하지 않아도 괜찮아요. 차례를 보고 그날 그날 원하는 과목, 원하는 주제를 골라 공부해 보세요.

어휘와 만나기

각 장에서 배울 어휘를 미리 만나 보는 코너입니다.
단어의 뜻과 예문을 읽고, 새로 알게 된 단어에 표시도 해 보세요.
단어를 이용한 간단한 문제를 풀며 어휘와 친해질 준비 운동을
해 보세요.

어휘와 친해지기

'어휘와 만나기'에서 살펴본 단어들과 친숙해지기 위한 활용
문제가 나오는 코너입니다.
앞에서 나온 단어를 쓰면서 의미를 되새겨 보세요.

어휘 공부하기

앞에서 배운 단어들이 다양한 문장에서 어떻게 쓰이고 있는지
문제를 통해 확인해 보는 코너입니다.
문제를 풀면서 추가로 알아두면 좋은 단어들에 대한 설명을
'어휘 꿀팁'에 넣었으니 꼭 함께 기억해 두세요.

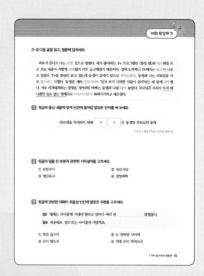

어휘 확장하기

공부한 단어들이 문장을 넘어 글 속에서는 어떻게 녹여 활용
되고 있는지 알아보는 코너입니다.
앞에 나온 단어들이 들어간 글을 읽고, 글의 이해를 묻는 여러
가지 관련 문제를 풀어 보세요.

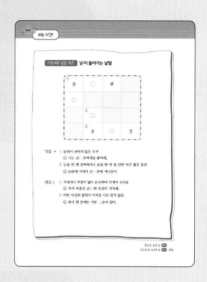

쉬는 시간

낱말 퀴즈 같은 쉬운 퀴즈도 풀고, 사자성어와 관련된 재미있는
이야기도 읽으며 공부에 대한 부담감을 덜어 보세요.

정답과 해설

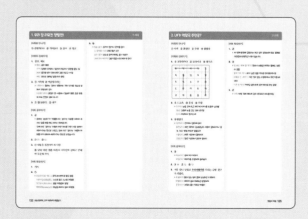

정답과 함께 문제에 나온 다른 단어나 표현들에
대한 설명도 함께 확인해 보세요.

단어 한눈에 보기

각 챕터에 나온 단어를 정리한 코너입니다.
모르는 단어를 확인하고 나만의 단어장을
만들어 보세요.

우리 집 리모컨 쟁탈전!

곧장

예고

떼다

광고

대꾸

중얼거리다

전개

잡다

끼어들다

다독이다

✏️ **새롭게 알게 된 단어에 표시해 보세요.**

곧장

옆길로 빠지지 않고 곧바로

학교가 끝나고 나는 곧장 집으로 갔어요.

광고

상품이나 서비스에 대한 정보를 여러 매체를 통해 소비자에게 알리는 활동

TV에서는 광고가 나오고 있었어요.

예고

미리 알림

지난주 예고편을 보고 더 궁금해졌어요.

대꾸

남의 말을 받아들이지 않고 그 자리에서 자기 의사를 나타냄

엄마의 꾸지람에 동생과 나는 아무 대꾸하지 못했어요.

떼다

붙어 있거나 잇닿은 것을 떨어지게 하다

아빠는 동생과 나를 떼어 놓았어요.

중얼거리다

남이 알아듣지 못할 정도의 작은 목소리로 혼잣말을 자꾸 하다

동생은 무언가를 계속 중얼거렸어요.

전개

내용을 진전시켜 펴 나감

뒤에 내용이 어떻게 전개될지 궁금해 잠을 잘 못 잤어요.

끼어들다

자기 순서나 자리가 아닌 틈 사이를 비집고 들어서다

TV를 보고 있는데 갑자기 동생이 앞으로 끼어들었죠.

다독이다

남의 약한 점을 따뜻이 어루만져 감싸고 달래다

부모님은 우리를 다독이며 맛있는 음식을 해 주셨어요.

잡다

손으로 움키고 놓지 않다

동생이 리모컨을 잡고 놓지 않았죠.

✔️ **그림을 보고 [보기]에서 알맞은 단어를 골라 빈칸에 써 보세요.**

> **보기** 끼어들다, 잡다, 광고, 중얼거리다

① _____

② _____

③ _____

④ _____

1 밑줄 친 말과 바꾸어 쓸 수 있는 단어를 골라 ○표 하세요.

내가 가장 좋아하는 배우가

TV에 신제품 **광고**를 하러 나왔다.

· ·

예고된 대로 크리스마스에

함박눈이 내렸다.

홍보

운동

선거

예매

예보

예약

2 빈칸에 알맞지 <u>않은</u> 단어를 골라 V표 하세요.

① 수현이가 우리 대화에 _____ 나는 기분이 좋지 않았다.

☐ 끼어들어서 ☐ 기특해서 ☐ 참견해서 ☐ 간섭해서

② 은솔이는 평소에 _____ 버릇이 있어 말을 알아듣기 어렵다.

☐ 우물거리는 ☐ 중얼거리는 ☐ 웅얼거리는 ☐ 어슬렁거리는

3 빈칸에 알맞은 단어를 넣어 문장을 완성해 보세요.

① 그림을 그리기 전에 아이들은 벽에 붙어 있던 껌들을 모두 [ㄸ][ㄷ].

② 화가 난 철수는 내 질문에 아무 [ㄷ][ㄲ]도 없이 나가 버렸다.

1 다음 중 빈칸에 '잡다'를 쓸 수 <u>없는</u> 문장을 고르세요.

① 영주는 증명사진 촬영을 위해 포즈를 _____.

② 비행기가 출발하기 전에 나는 부모님의 손을 꼭 _____.

③ 우리는 공항에서 집에 가기 위해 택시를 _____.

④ 간호사분이 아이에게 독감 예방 주사를 _____.

2 밑줄 친 단어의 뜻을 [보기]에서 찾아 기호를 써 보세요.

> **보기**
> ㉠ 옆길로 빠지지 않고 곧바로
> ㉡ 곧이어 바로

① 이 길로 **곧장** 올라가면 도서관이 있다. ☐

② 나는 친구의 소식을 듣자마자 **곧장** 달려갔다. ☐

3 밑줄 친 단어의 뜻에 맞는 말을 골라 ○표 하세요.

① 새로 산 책의 내용이 흥미롭게 **전개**되고 있다.

➡ (내용을 진전시켜 펴 나감 / 말이나 글의 요점을 잡아서 간추림)

② 형이 넘어져 울고 있는 동생을 **다독이며** 일으켜 세웠다.

➡ (따돌리거나 거부하여 밀어 내치며 / 남의 약한 점을 따뜻이 어루만져 감싸고 달래며)

[1~3] 다음 글을 읽고, 질문에 답하세요.

> 학교가 끝나고 나는 곧장 집으로 향했다. 내가 좋아하는 TV 프로그램인 〈탐정 맨〉의 예고편을 보고 오늘 내용이 어떻게 전개될지 너무 궁금해졌기 때문이다. 집에 도착하니 TV에서는 광고가 나오고 있었다. TV를 열심히 보고 있는데 동생이 갑자기 앞으로 끼어들었다. 동생과 나는 리모컨을 서로 잡으려고 다퉜다. 동생은 계속 중얼거리며 '먼저 보기 시작한 사람이 임자'라는 내 말에 대꾸했다. 서로 티격태격하는 광경을 지켜보던 아빠는 동생과 나를 떼어 놓았다. 부모님은 우리가 <u>오직 하나뿐인 둘도 없는 형제</u>라고 다독이시면서 화해시키려고 애쓰셨다.

1 윗글의 중심 내용에 맞게 빈칸에 들어갈 알맞은 단어를 써 보세요.

리모컨을 차지하기 위해 | ㄲ | | ㅇ | 든 동생과 부모님의 중재

※ 중재: 다툼에 끼어들어 양쪽을 화해시킴

2 윗글의 밑줄 친 부분과 관련된 사자성어를 고르세요.

① 유일무이 ② 자문자답
③ 청산유수 ④ 명명백백

3 윗글에 관련된 대화의 흐름상 빈칸에 알맞은 표현을 고르세요.

> **엄마** 형제는 사이좋게 지내야 한다고 엄마가 여러 번 ＿＿＿＿＿＿＿＿＿ 말했잖니.
>
> **형제** 죄송해요. 앞으로는 사이좋게 지낼게요.

① 발을 끊으며 ② 눈 깜짝할 사이에
③ 손이 맵도록 ④ 귀에 못이 박히도록

가로세로 낱말 퀴즈 '순'이 들어가는 낱말

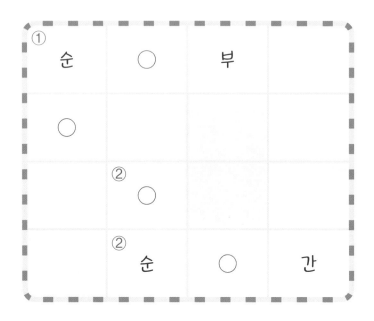

가로 →
① 눌러서 굳히지 않은 두부

　예 나는 순○부찌개를 좋아해.

② 눈을 한 번 깜짝하거나 숨을 한 번 쉴 만한 아주 짧은 동안

　예 눈앞에 기차가 순○간에 지나갔어.

세로 ↓
① 거짓이나 꾸밈이 없이 순수하며 인정이 두터움

　예 우리 마을은 순○한 인심이 가득해.

② 어떤 사실의 앞뒤가 이치상 서로 맞지 않음

　예 네가 한 말에는 서로 ○순이 있어.

내가 역할극 주인공?

뽑히다

울상

드르륵

토닥이다

어색

뽐내다

펼치다

고꾸라지다

주위

쑥스럽다

✏️ **새롭게 알게 된 단어에 표시해 보세요.**

뽑히다
여럿 가운데에서 골라지다

투표 결과 내가 역할극 주인공으로 뽑혔죠.

토닥이다
잘 울리지 않는 물체를 가볍게 두드리는 소리를 내다

친구들은 내 어깨를 토닥이며 위로해 줬어요.

울상
울려고 하는 표정

선거 결과에 울상을 한 나를 보고 친구들이 미안해했어요.

어색
격식, 규범 등에 맞지 않아 자연스럽지 않음

나에게 주인공 역할은 너무 어색하다고 생각했어요.

드르륵
큰 물건이 미끄러지는 소리

새 담임 선생님이 드르륵 문을 열고 들어오셨어요.

쑥스럽다
하는 짓이나 모양이 자연스럽지 못하여 우습고 엉뚱한 데가 있다

처음에는 쑥스러웠지만 뒤로 갈수록 나는 연기에 집중했죠.

고꾸라지다
앞으로 고부라져 쓰러지다

나는 고꾸라지는 장면에서 최선을 다했어요.

펼치다
보고 듣거나 감상할 수 있게 사람들 앞에 주의를 끌 만한 상태로 나타내다

우리 모둠은 무대에서 멋진 공연을 펼쳤죠.

뽐내다
자신의 어떠한 능력을 보라는 듯이 자랑하다

나는 열심히 연습해서 실력을 뽐내겠다고 다짐했어요.

주위
어떤 사물이나 사람을 둘러싸고 있는 것 또는 사람

공연이 끝나자 주위 친구들 모두 크게 손뼉을 쳤죠.

✔️ **빈칸에 들어갈 단어로 알맞은 것을 찾아 연결해 보세요.**

① 다음 중 ☐☐한 문장을 찾아 고치세요. •   • 어색

② 우리는 열심히 준비한 무대를 ☐☐☐. •   • 뽑혔다

③ ☐☐(을)를 둘러보니 아무도 없었다. •   • 주위

④ 철수가 학급 회장으로 ☐☐☐. •   • 뽐냈다

1 뜻에 알맞은 단어를 찾아 선으로 연결하고 빈칸에 써 보세요.

토	닥	이	다	고
둑	펼	침	둑	꾸
으	치	소	꾸	라
도	다	치	토	지
고	까	를	줍	다

① ☐ ☐ ☐ ☐ ☐ : 앞으로 고부라져 쓰러지다

② ☐ ☐ ☐ ☐ : 잘 울리지 않는 물체를 가볍게 두드리는 소리를 내다

③ ☐ ☐ ☐ : 보고 듣거나 감상할 수 있게 사람들 앞에 주의를 끌 만한 상태로 나타내다

2 문장이 완성되도록 괄호 안에서 알맞은 단어를 고르세요.

① (드르륵 / 두리번) 문이 열리고 주인공이 등장했다.
② 시험을 못 본 친구가 (명상 / 울상)이 되었다.
③ 힘이 들 땐 (주위 / 소위)를 둘러보세요.

3 밑줄 친 단어와 바꾸어 쓸 수 <u>없는</u> 것을 골라 ○표 하세요.

학급 회장 선거에서 상철이가 최다 득표로 회장으로 **뽑혔다**.

➡ 당선됐다 / 동원됐다 / 선출됐다 / 선발됐다

1 다음 설명에 알맞은 단어를 고르세요.

- 누군가 앞에서 준비한 것을 보여줄 때 이 단어를 사용해요.
- 비슷한 단어로는 '자랑하다'가 있어요.
- '의기가 양양하여 우쭐거리다'라는 뜻도 있어요.

① 외치다   ② 퍼뜨리다   ③ 뽐내다   ④ 떠벌리다

2 밑줄 친 단어의 뜻을 [보기]에서 찾아 기호를 써 보세요.

보기	㉠ 격식, 규범 등에 맞지 않아 자연스럽지 않음
	㉡ 잘 모르거나 별로 만나고 싶지 않은 사람과 마주하여 자연스럽지 못함
	㉢ 대답하는 말 따위가 옳고 그름을 분별할 때 구차하고 옹색함

① 희수의 변명은 어딘가 **어색**하고 앞뒤가 맞지 않았다. ☐

② 처음 만난 친구와 대화할 때는 **어색**하다. ☐

③ 체육복에 구두를 신은 모습이 **어색**해 보인다. ☐

3 밑줄 친 부분과 바꾸어 쓸 수 있는 말을 [보기]에서 찾아 문장을 다시 써 보세요.

보기	무료했지만, 따분했지만, 곤란했지만, 부끄러웠지만

처음 만나 낯설고 **쑥스러웠지만** 우리는 금방 친구가 되었다.

➡

[1~2] 다음 글을 읽고, 질문에 답하세요.

> 오늘 국어 시간에는 지난주 국어 시간에 배운 내용으로 모둠별로 역할극을 했다. 모두가 부담스러워하는 주인공은 이미 지난주에 투표로 정했었다. <u>나는 하고 싶지 않았는데, 투표 결과 내가 우리 모둠의 역할극 주인공으로 뽑혀서</u> 하게 되었다. 울상인 나를 친구들이 토닥이며 위로해 주었다. 나는 주인공 역할을 맡는다는 게 너무 어색하고 쑥스러웠지만 열심히 준비해 실력을 뽐내겠다고 마음먹었다. 그래서 드르륵 문을 열고 처음 등장해 고꾸라지는 연습을 특히 여러 번 했다. 드디어 우리 모둠 차례가 되었다. 무대에 올라가 주위를 둘러보고 준비한 무대를 펼쳤다. 무대가 끝나자 친구들이 우리에게 큰 박수를 쳐 주었다. 나는 평소에 친구들 앞에 서서 발표하는 것에 부담감을 많이 느꼈지만 이번 기회로 자신감을 얻을 수 있게 되어 기뻤다.

1 윗글을 읽고 글쓴이에 대해 알게 된 내용으로 알맞지 <u>않은</u> 것을 고르세요.

① 국어 시간에 역할극 활동을 했다.

② 주인공 역할을 하고 싶어 했다.

③ 문을 열고 넘어지는 연습을 여러 번 했다.

④ 친구들에게 열심히 준비한 무대를 선보였다.

⑤ 주인공 역할을 통해 자신감을 얻게 되었다.

2 윗글의 밑줄 친 부분과 관련된 속담을 고르세요.

① 밑 빠진 독에 물 붓기　　　　　　② 울며 겨자 먹기

③ 벼룩의 간 내먹기　　　　　　　　④ 식은 죽 먹기

3 서로 비슷한 뜻을 지닌 단어끼리 묶인 것을 고르세요.

> ㉠ 주위 – 주변　　　　　　　　㉡ 울상 – 상상
> ㉢ 어색 – 사색　　　　　　　　㉣ 고꾸라지다 – 엎어지다

① ㉠, ㉡　　　　　　　② ㉠, ㉣　　　　　　　③ ㉡, ㉢

④ ㉡, ㉣　　　　　　　⑤ ㉢, ㉣

오늘의 사자성어

이 심 전 심

以	心	傳	心
써 이	마음 심	전할 전	마음 심

이심전심은 '마음에서 마음으로 통한다'는 뜻이에요. 불교를 창시한 석가모니가 어느 날 제자들을 불러 모았어요. 그런데 석가모니는 제자들이 모였는데도 한마디도 하지 않고 서 있었죠. 그는 궁금해하는 제자들을 앞에 두고 연꽃을 집어 들었어요. 그리고 손으로 연꽃을 약간 비틀었습니다. 대부분 제자들은 무슨 행동인지 의아해했지만 단 한 명의 제자인 '가섭'만 그 뜻을 알고 미소를 지었대요. 이를 본 석가모니는 불교의 진리를 '가섭'에게 전해 주었다고 해요. 이처럼 이심전심은 말이나 글로 의사소통하는 것이 아닌 마음과 마음으로 하는 것을 뜻해요.

여러분은 이처럼 누군가와 마음이 통한 적 있나요? 먹고 싶은 음식이 있었는데 집에 가 보니 부모님이 해 놓으셨을 때? 친구와 놀고 싶었는데, 친구가 먼저 말 걸어 줄 때? 생각해 보면 매우 많을 거예요. 이심전심은 이처럼 내가 생각하는 것과 상대방이 생각하는 것이 같을 때 사용할 수 있는 사자성어예요.

3

어느 쪽일까요? 맞혀 보세요

✏️ 새롭게 알게 된 단어에 표시해 보세요.

가르다
쪼개거나 나누어 따로따로 되게 하다
면접을 1팀과 2팀으로 갈라 따로 진행했죠.

그대로
모양이나 상황 등이 바뀌지 않고 본래 있던 그 자체
우리 팀은 원래 위치 그대로를 골랐어요.

택하다
여럿 가운데서 고르다
바둑돌을 놓을 곳을 하나만 택하세요.

재촉
어떤 일을 빨리하도록 조름
반 친구들 모두가 어서 보여 달라며 재촉했어요.

자꾸
여러 번 반복하거나 끊임없이 계속하여
선생님은 다른 이야기를 하며 자꾸 시간을 끌었어요.

얄밉다
말이나 행동이 약아서 눈치나 행동 등이 재빠르고 밉다
옆에서 계속 답을 알려 주는 친구가 얄미웠어요.

참견
자기와 관계없는 일에 끼어들어 쓸데없이 이래라저래라 함
내 친구들이 참견하며 정답을 말했어요.

눈짓
눈을 움직여 상대편에 어떤 뜻을 전달하거나 암시하는 동작
친구가 눈짓으로 나에게 정답을 알려 줬어요.

자격
일정한 신분을 갖거나 일을 하는 데 필요한 조건이나 능력
정답을 몰래 알려 주는 사람은 경기에 참여할 자격이 없어요.

후끈
흥분이나 긴장 등이 갑자기 아주 고조되는 모양
경기 시작 전부터 선수들의 열기가 후끈 달아올랐죠.

✔️ 단어의 뜻을 보고, 문장에 알맞은 말을 써 보세요.

뜻

① 눈을 움직여 상대편에 어떤 뜻을 전달하거나 암시하는 동작

② 자기와 관계없는 일에 끼어들어 쓸데없이 이래라저래라 함

③ 흥분이나 긴장 등이 갑자기 아주 고조되는 모양

④ 여러 번 반복하거나 끊임없이 계속하여

문장

➡ 시열이가 나에게 따라 오라고 [ㄴ] [ㅈ]을 했다.

➡ 구경하는 사람은 [ㅊ] [ㄱ]하지 말아 주세요.

➡ 교실 전체가 궁금증으로 [ㅎ] [ㄲ] 달아올랐다.

➡ 왜 [ㅈ] [ㄲ] 내 물건을 허락 없이 만지니?

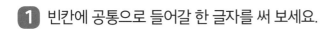

1 빈칸에 공통으로 들어갈 한 글자를 써 보세요.

- 문제를 틀린 사람은 상품을 받을 자 ⬚ 이 없다.

- 이 물건은 가 ⬚ 이 얼마인가요?

- 우리 담임 선생님은 엄 ⬚ 하기로 유명하다.

2 대화의 빈칸에 들어갈 알맞은 단어를 써 보세요.

철수 영희야, 방금 선생님께서 자리에 앉으라고 ㄴ ㅈ 하신 거 같은데?

영희 아니야. 잘못 본 걸 거야.

철수 지금도 계속 보고 계시잖아. 얼른 자리에 앉아.

영희 그만 ㅈ ㅊ 해. 앉으면 되잖아.

3 다음 표에 있는 단어의 비슷한 말과 반대말을 [보기]에서 찾아 써 보세요.

보기	가증스럽다, 모으다, 나누다, 사랑스럽다

	비슷한 말	반대말
얄밉다		
가르다		

1 밑줄 친 단어와 바꾸어 쓸 수 있는 것을 고르세요.

남의 일에 너무 **참견**하는 건 좋지 않아.

① 연결   ② 접속   ③ 수선   ④ 보수   ⑤ 관여

2 대화의 밑줄 친 단어의 뜻으로 알맞은 것을 괄호에서 골라 ○표 하세요.

경아   월드컵이 2주 앞으로 다가왔어.

규진   그래서 온 마을이 축제 분위기로 **후끈** 달아올랐구나?

➡ 흥분이나 긴장 등이 아주 (갑자기 고조되는 모양 / 슬며시 가라앉는 모양)

3 다음 중 [보기]의 단어를 사용해 만들 수 없는 문장을 고르세요.

보기	자꾸, 그대로, 택하다

① 몸무게가 왠지 조금씩 [   ] 늘어난다.

② 즐겁게 춤을 추다가 [   ] 멈춰라.

③ 1번, 2번, 3번 중 2번을 [   ].

④ 오랜만이다! [   ] 오랜만에 연락했네.

❖ 어휘 꿀팁

'왠지', '웬일'

'왠지'는 '왜인지'가 줄어든 말이고, '웬일'은 '어찌 된 일'이라는 뜻입니다.

표기가 비슷한 '웬지'와 '왠일'은 잘못된 표현입니다.

㉠ 오늘은 (왠지 / 웬지) 기분이 좋다.

㉡ 철수가 (웬일 / 왠일)로 연락을 다했다.

정답: ㉠ 왠지 ㉡ 웬일

[1~2] 다음 글을 읽고, 질문에 답하세요.

> 3교시가 끝나고 친구들이 교실에서 기억게임 놀이를 시작했다. 사람이 너무 많아 1팀과 2팀으로 갈라 진행했다. 기억게임은 바둑돌을 종이컵으로 가린 후 위치를 섞고 나서 바둑돌이 든 컵을 맞히는 게임이다. 내가 답을 말할 차례였지만 정답을 몰라 고민하고 있자 유환이가 나에게 눈짓으로 원래 위치 그대로를 고르라고 알려 주었다. 나는 유환이의 말대로 컵을 택했다. 하지만 상대 팀 기철이가 자꾸 시간을 끌며 정답을 말하지 않자 친구들은 어서 답을 알려 달라며 재촉했다. 기철이는 어쩔 수 없이 답을 공개했는데 유환이가 알려준 곳이 정답이었다. 기철이는 유환이에게 참견하지 말라며 화를 냈다. 자기 차례가 아닌데 답을 알려 주면 참가할 자격이 없다고 말했다. 둘이 실랑이를 벌이며 게임 분위기는 후끈 달아올랐다. 상대 팀에서 봤을 때 얄미운 행동을 한 유환이와 기철이가 다툴 뻔했지만, 선생님께서 들어오시자 둘은 얼른 화해하며 사건을 마무리했다.

1 윗글의 내용과 일치하는 것을 고르세요.

① 유환이가 알려 준 답의 위치는 틀렸다.　② 기철이는 친구들에게 재빨리 답을 알려 주었다.
③ 유환이와 기철이가 실랑이를 벌였다.　④ 선생님께서 유환이와 기철이를 화해시켰다.

2 윗글의 내용과 관련된 아래의 상황에 알맞은 표현을 골라 ∨표 하세요.

> 기억게임 놀이를 위해 기철이 자리에 우리 반 친구들 모두가 모였다. 구경하기도 어려울 정도로 많은 친구가 다닥다닥 붙어 있었다.

① 기철이가 시치미를 떼는구나. ☐　② 놀이가 손에 땀을 쥐는구나. ☐

③ 기철이 자리가 발 디딜 틈이 없구나. ☐

3 다음과 같은 상황에 쓸 수 있는 속담을 고르세요.

> 유환이는 기억게임 시작 전에 잘못된 정답을 친구들에게 말하기로 기철이와 약속했다. 하지만 게임을 시작하자 정답을 알려 주었다.

① 바늘 가는 데 실 간다　② 미운 놈 떡 하나 더 준다
③ 믿는 도끼에 발등 찍힌다　④ 발 없는 말이 천 리 간다

박수를 쳐 보세요

　읽기 전에 먼저 양손으로 크게 박수를 3번 쳐 보세요. 3번을 쳤다면 4번만 더 쳐 보세요. 손바닥이 찌릿찌릿하나요? 박수를 7번 친 이유를 알려 드릴게요. 박수를 치면 각종 질병의 예방 및 치료에 도움이 되는데, 여러 번 치면 칠수록 심장과 폐 등의 장기 기능이 활성화된다고 해요. 손에는 수많은 신경이 분포되어 뇌와 신호를 주고받기 때문이라고 하네요. 박수를 칠 때는 양손을 세게 맞닿아 칠 수도 있고, 손가락 끝만 부딪칠 수도 있고, 손등끼리 부딪치는 방법도 있어요. 손목이나 주먹으로 박수를 칠 수도 있죠. 모든 박수가 다 건강에 좋다고 하니 틈틈이 다양한 방법으로 박수를 쳐 보세요.

　박수는 왕복 달리기와 운동 효과도 같다고 해요. 30초 동안 박수 치기와 왕복 달리기를 하고 심장 박동수를 측정했어요. 심장 박동수란 심장이 1분 동안에 뛰는 횟수인데, 운동을 하면 심장은 더 빨리 뛰죠. 결과가 어떻게 나왔을까요? 박수 치는 동작을 더 크게 하면 할수록 심박수가 더 빨라지고 체온도 높아졌다고 해요. 제자리에서 운동을 할 수 있는 좋은 방법인 셈이죠. 박수를 자주 치면 긍정적인 사고와 웃음에도 영향을 미친다고 하니까 밝고 건강한 정신과 몸을 위해 생각날 때마다 크게 박수를 쳐 보는 게 어떨까요? 단, 공공장소나 조용히 해야 하는 장소는 제외하는 게 좋겠죠?

4

배가 너무 고파요!

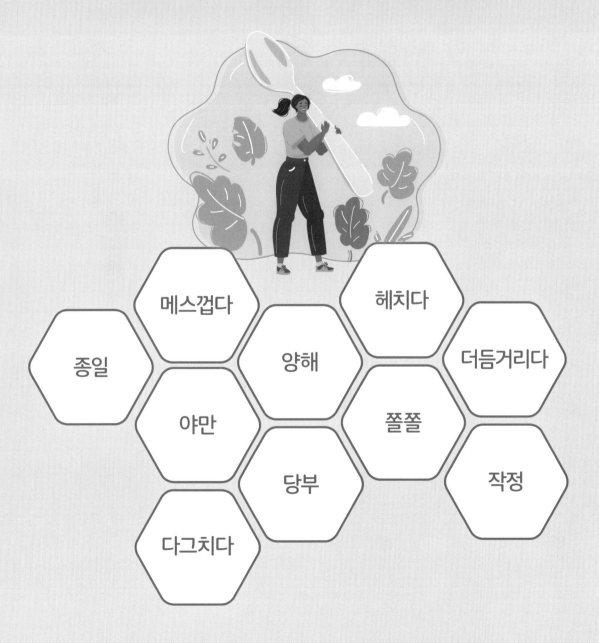

메스껍다

헤치다

종일

양해

더듬거리다

야만

쫄쫄

당부

작정

다그치다

✏️ 새롭게 알게 된 단어에 표시해 보세요.

종일
아침부터 저녁까지 내내
그 애의 머릿속에는 종일 음식 생각이 가득했어요.

야만
교양이 없고 무례함. 또는 그런 사람
그의 야만적인 행동은 다른 이들에게 불쾌감을 줄 수 있어요.

메스껍다
먹은 것이 되넘어 올 것같이 속이 몹시 울렁거리는 느낌이 있다
나는 속이 메스껍고 머리가 어지러웠죠.

더듬거리다
무엇을 찾거나 알아보려고 이리저리 자꾸 만지다
배고픈 소년은 상자 속을 더듬거려 음식을 찾아냈죠.

다그치다
일이나 행동 따위를 빨리 끝내려고 몰아치다
수철이가 음식을 빨리 달라고 엄마를 다그쳤어요.

헤치다
앞에 걸리는 것을 좌우로 물리치다
수철이는 친구들을 헤치고 나와 제일 앞에 섰어요.

양해
남의 사정을 잘 헤아려 너그러이 받아들임
줄 선 사람들에게 양해를 얻지도 않고 새치기하면 안 돼요.

작정
일을 어떻게 하기로 결정함. 또는 그런 결정
그 애는 음식을 혼자 다 먹을 작정인 것처럼 보였어요.

당부
말로 단단히 부탁함. 또는 그런 부탁
선생님은 손을 씻고 음식을 먹으라고 학생들에게 당부했죠.

쫄쫄
끼니를 굶어 아무것도 먹지 못한 모양
수철이는 온종일 쫄쫄 굶어 배가 고파요.

✅ 단어와 뜻이 올바르게 연결될 수 있도록 중간에 선을 그어 사다리를 만들어 보세요.

당부	야만	종일	쫄쫄
교양이 없고 무례함. 또는 그런 사람	말로 단단히 부탁함. 또는 그런 부탁	끼니를 굶어 아무것도 먹지 못한 모양	아침부터 저녁까지 내내

1 다음 상황에 관련된 단어를 [보기]에서 골라 써 보세요.

> 보기   메스껍다, 다그치다, 헤치다

① 땅 속에 묻혀 있던 공룡의 뼈를 찾아냈다.   ☐

② 저녁에 과식했더니 속이 좋지 않았다.   ☐

③ 친구들이 기다리다 지쳐 나에게 빨리 오라고 소리쳤다.   ☐

2 빈칸에 공통으로 들어갈 한 글자를 써 보세요.

- 주민들에게 양 ☐ 를 구한 뒤 공사가 시작됐다.

- 오늘 모임은 이것으로 마치고 ☐ 산하겠습니다.

- 수혁이는 선생님이 설명하신 내용을 한 번에 이 ☐ 할 수 있었다.

3 밑줄 친 단어의 뜻을 [보기]에서 찾아 기호를 써 보세요.

> 보기
> ㉠ 무엇을 찾거나 알아보려고 이리저리 자꾸 만지다
> ㉡ 말을 하거나 글을 읽을 때 순조롭게 하지 못하고 자꾸 막히다

① 나는 어둠 속에서 **더듬거려** 휴대폰을 찾아냈다.   ☐

② 철수가 긴장했는지 책을 **더듬거리며** 읽었다.   ☐

1 밑줄 친 단어와 바꾸어 쓸 수 <u>없는</u> 것을 골라 ○표 하세요.

주영이는 앞으로 매일 책을 3권씩 읽기로 **작정했다.**

➡ 결심했다 / 인출했다 / 계획했다 / 마음먹었다

2 대화의 빈칸에 공통으로 들어갈 단어를 찾아 ∨표 하세요.

이환 저기 멀리 샘물이 _____ 흐르는 소리가 들려요.

이현 우와, 진짜네! 근데 아침부터 _____ 굶었더니 너무 배가 고파.

엄마 여기 와서 앉아. 도시락부터 먹자.

☐ 별별   ☐ 쫄쫄   ☐ 톡톡   ☐ 뚜뚜

3 빈칸에 들어갈 단어가 바르게 짝지어진 것을 고르세요.

• 부모님께서 학교에서 친구들과 사이좋게 지내라고 _____㉠_____ 하셨다.

• _____㉡_____ 적인 행동은 상대방의 기분을 상하게 한다.

• 오늘은 하늘에 구멍이 난 것처럼 _____㉢_____ 비가 내렸다.

	㉠		㉡		㉢
①	당연	⋯⋯⋯	배려	⋯⋯⋯	종일
②	당부	⋯⋯⋯	야만	⋯⋯⋯	종일
③	당연	⋯⋯⋯	야만	⋯⋯⋯	잠시
④	당부	⋯⋯⋯	야만	⋯⋯⋯	잠시
⑤	당연	⋯⋯⋯	배려	⋯⋯⋯	잠시

[1~3] 다음 글을 읽고, 질문에 답하세요.

오늘은 극기 체험 첫날이다. 수철이와 친구들은 아침부터 쫄쫄 굶어 머릿속에는 종일 음식 생각으로 가득했다. 속이 메스껍고 머리도 어지러웠다. 수철이는 참다못해 화장실에 가는 척하며 복도에 있는 상자를 더듬거려 음식을 찾아냈다. 하지만 친구들에게 들켜 제자리에 가져다 놓아야 했다. 1일 차 극기 체험이 종료되고 저녁 7시가 되었다. 드디어 오늘의 처음이자 마지막 식사 시간이 돌아왔다. 식당에서 음식을 보자 수철이는 빨리 달라고 배식하는 친구들을 다그쳤다. 배식이 시작되자 수철이는 친구들을 헤치고 제일 앞에 섰다. 친구들은 수철이에게 그렇게 친구들을 마구 밀어제치고 앞으로 나가는 야만적인 행동은 불쾌감을 줄 수 있다고 말했다. 선생님도 질서를 지키라고 당부했지만 수철이는 대답도 하지 않은 채 식당의 모든 음식을 혼자 다 먹을 작정인 것처럼 허겁지겁 먹었다. 밥을 다 먹고 나서야 정신을 차린 수철이는 양해를 구하지 않고 새치기했다며 친구들과 선생님께 사과했다.

1 아래에서 설명하는 단어를 윗글에서 찾아 써 보세요.

- '교양이 없고 무례함'이라는 뜻이에요.
- '미개하여 문화 수준이 낮은 상태'라는 뜻도 있어요.

2 윗글의 내용과 관련된 문장 중 알맞지 <u>않은</u> 표현을 쓴 것을 골라 V표 하세요.

① 수철이는 밥을 다 먹고 나서야 **가슴이 뜨끔했나** 봐. 사과한 걸 보니 말이야. ☐

② 수철이가 **눈에 띄는** 행동을 해서 친구들과 선생님에게 지적을 받았어. ☐

③ 수철이는 친구들이 자기를 이해해 줄 거라고 생각하고 **미역국을 먹었나** 봐. ☐

3 윗글에 관련된 대화의 빈칸에 공통으로 들어갈 말에 V표 하세요.

현서 수철이는 배가 얼마나 고팠던 거야? _____도 안 되게 빨리 먹네.
한별 그러게. 수철이가 다 먹고 _____을 떼려나 봐.
현서 가서 수철이가 하는 이야기를 들어보자.

☐ 말	☐ 발	☐ 솔	☐ 속

가로세로 낱말 퀴즈 '교'가 들어가는 낱말

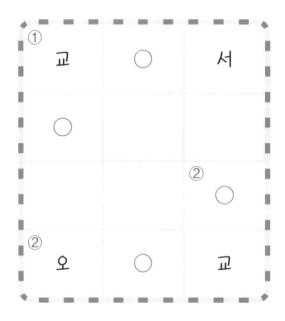

가로 →
① 학교에서 교과 과정에 따라 주된 교재로 사용하기 위하여 만든 책
예 오늘은 국어 교○서 141쪽을 배우겠습니다.

② 칠월 칠석날이면 견우와 직녀가 만날 수 있게 까마귀와 까치가 놓는 다는 다리
예 견우와 직녀는 일 년에 한 번씩 오○교에서 만난다.

세로 ↓
① 주로 초등학교, 중학교, 고등학교에서 학생을 가르치는 사람
예 우리 부모님의 직업은 초등학교 교○이다.

② 종교를 많은 사람이 알고 이해하도록 잘 설명하여 널리 알림
예 그는 ○교 활동을 하기 위해 아프리카로 떠났다.

보물찾기 대작전

담다

상하다

말리다

견디다

공감

움찔

요소

낯설다

잠잠하다

초급

✏️ 새롭게 알게 된 단어에 표시해 보세요.

담다

어떤 물건을 그릇 등에 넣다

항아리에 담긴 보물을 찾아 떠나자.

견디다

사람 등이 어려운 환경에 굴복하지 않고 버티면서 살아 나가다

우리는 살면서 때로는 고통을 견뎌야 할 수도 있어요.

상하다

근심, 슬픔, 노여움 등으로 마음이 언짢아지다

친구의 말에 문희는 자존심이 상했죠.

공감

남의 감정, 의견 등에 자기도 그렇다고 느낌

나도 네가 한 말에 공감해.

말리다

물기를 다 날려서 없애다

우리는 젖은 옷을 먼저 바람에 말렸어요.

초급

맨 처음 또는 최저의 등급이나 단계

나는 정글에서 길 찾기 초급 과정을 이수했어요.

요소

사물의 성립이나 효력 발생에 꼭 필요한 성분이나 조건

끈기와 열정이 이번 작전 성공의 결정적 요소예요.

잠잠하다

분위기나 활동 따위가 소란하지 않고 조용하다

창밖에서 밤의 잠잠한 분위기를 깨는 소리가 들렸어요.

움찔

깜짝 놀라 갑자기 몸을 움츠리는 모양

바스락 소리에 덩치 큰 개가 움찔하며 놀랐어요.

낯설다

전에 본 기억이 없어 익숙하지 않다

그 도시에 도착하자 낯선 풍경이 우리 눈앞에 펼쳐졌어요.

✅ 그림을 보고 [보기]에서 알맞은 단어를 골라 빈칸에 써 보세요.

> **보기**　　　견디다, 말리다, 공감, 상하다

　① 　② 　③ 　④

---------------------　---------------------　---------------------　---------------------

1 밑줄 친 말과 바꾸어 쓸 수 있는 단어를 골라 ○표 하세요.

현서가 발표한 내용에

반 친구들 모두 **공감**했다.

· ·

반복 학습은 수학 성적 향상의

필수 **요소**이다.

동조

동안

초조

안건

요건

요새

2 빈칸에 알맞지 <u>않은</u> 단어를 골라 V표 하세요.

① 여러 가지 어려움을 _____ 마라톤을 완주했다.

[ ] 간섭하고   [ ] 견뎌내고   [ ] 버텨내고   [ ] 인내하고

② 시험을 보는 교실은 쥐 죽은 듯이 _____.

[ ] 잠잠하다   [ ] 고요하다   [ ] 꼼꼼하다   [ ] 조용하다

3 빈칸에 알맞은 단어를 넣어 문장을 완성해 보세요.

① [ㄴ] [ㅅ] 사람이 아는 척을 하여 우리는 경계를 늦추지 않았다.

② 갑작스러운 큰 소리에 내 막냇동생은 [ㅇ] [ㅉ] 놀랐다.

1 다음 중 빈칸에 '담다'를 쓸 수 없는 문장을 고르세요.

① 물병에 물을 가득 ＿＿＿＿＿＿.

② 선물에 감사의 마음을 ＿＿＿＿＿＿.

③ 김치를 접시에 ＿＿＿＿＿＿.

④ 할아버지와 엄마가 많이 ＿＿＿＿＿＿.

2 밑줄 친 단어의 뜻을 [보기]에서 찾아 기호를 써 보세요.

| 보기 | ㉠ 물기를 다 날려서 없애다 |
| | ㉡ 다른 사람이 하는 행동을 못하게 방해하다 |

① 친구가 싸울 때는 **말려야** 한다.　　　□

② 엄마는 빨래를 건조대에 널어 햇볕에 **말렸다**.　　　□

3 밑줄 친 단어의 뜻에 맞는 말을 골라 ○표 하세요.

① 그런 말은 친구의 기분을 **상하게** 할 수 있으니 하지 말아야 한다.

➡ (근심, 슬픔, 노여움 등으로 마음이 언짢아지다 / 음식이 변하거나 썩어서 먹을 수 없게 되다)

② **초급** 단계를 모두 마치면 중급 단계로 넘어간다.

➡ (맨 처음 또는 최저의 등급이나 단계 / 보다 높은 등급이나 계급)

[1~2] 다음 글을 읽고, 질문에 답하세요.

나와 철수, 호영이로 구성된 보물 탐사대는 이번 주 토요일에 탐험을 떠나기로 했다. 우리가 찾을 보물은 항아리에 담겨 뒷산에 묻혀 있다고 한다. 탐험을 떠나기 전 우리 셋은 서로의 말에 공감하며 탐험이 힘들어도 견디자고 다짐했다. 청소년 단체에서 정글에서 길 찾기 초급 과정을 이수한 철수가 앞장섰다. 우리는 중간에 물에 빠져 젖은 옷을 바람에 말리기도 하고 나뭇잎 소리에 움찔 놀라기도 했다. 길을 잃어 서로 싸우다 자존심이 상하기도 했지만, 금방 화해했다. 그렇게 한참 산길을 헤매던 우리 눈앞에 갑자기 낯선 풍경이 펼쳐졌다. 주변과 어울리지 않는 돌탑이 나타난 것이다. 우리는 이상한 기분을 느끼며 돌탑을 허물고 그곳의 땅을 파기 시작했다. 얼마 파지 않아서 잠잠했던 분위기가 갑자기 시끌벅적하게 바뀌었다. 드디어 보물이 들어 있는 항아리 찾기에 성공한 것이다. 이번 탐험 성공의 결정적인 요소는 끈기와 협동인 것 같다.

1 윗글의 중심 내용에 맞게 빈칸에 들어갈 알맞은 단어를 써 보세요.

보물 탐사대는 우여곡절 끝에 보물을 찾아냈다. 성공의 주요 ㅇ ㅅ 는 끈기와 협동이었다.

2 윗글의 내용과 일치하지 <u>않는</u> 것을 고르세요.

① 글쓴이와 철수, 호영이는 보물을 찾아 탐험을 떠났다.
② 알려진 바에 의하면 보물이 담긴 항아리는 뒷산에 있다.
③ 정글에서 길 찾기 초급 과정을 이수한 호영이가 선두에 섰다.
④ 3명의 아이들은 보물찾기 탐험에 결국 성공했다.

3 대화의 흐름상 빈칸에 알맞은 표현을 고르세요.

철수 얘들아! 난 보물을 찾으면 주변에다 엄청나게 자랑할 거야. 너무 신나!
호영 _____ 아직 보물을 찾지도 못했잖아.

① 바가지 썼네.
② 눈에 흙이 들어가기 전에는 안 돼.
③ 김칫국부터 마시지 마.
④ 오지랖이 넓구나.

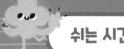

밑줄 치며 글 읽기

　여러분은 책을 읽을 때 눈으로만 읽나요, 아니면 밑줄을 치면서 읽나요? 일반적으로 동화책을 읽을 때는 눈으로만 읽는 경우가 많죠. 하지만 그림보다 글밥이 많은 책을 읽을 때는 내용이 한 번에 이해되지 않는 경우가 있을 수 있으니 밑줄을 치며 글 읽기를 해 보세요. 그리고 주요 인물, 중요한 사건, 감정의 변화가 일어나는 곳에는 표시해 보세요. 주인공에는 동그라미, 중요한 사건에는 세모, 감정의 변화에는 네모 등으로요. 형광펜으로 색칠해도 좋아요. 이렇게 표시하면 우리가 책을 이해하고 기억하는 데 많은 도움이 돼요. 다음에 다시 한번 읽을 때는 표시된 부분만 읽어도 책의 내용이 쉽게 떠오르죠. 하지만 빌린 책이라면 밑줄 대신 손가락으로 글자를 따라가면서 읽어 보세요.

　문해력 기르는 데 도움이 되는 '밑줄 치며 글 읽기'는 주의할 점도 물론 있어요. 책 전체에 밑줄을 그으면 다음에 다시 읽을 때 책이 지저분해 보이거나 글자가 잘 안 보일 수 있겠죠? 그럴 때를 대비해서 포스트잇을 활용해 보세요. 중요한 내용이나 기억하고 싶은 부분이 나오면 포스트잇에 간단히 써서 해당 부분에 붙여 보세요. 밑줄 치며 글 읽기는 지금 풀고 있는 문제집이나 교과서를 읽을 때도 해 보면 좋으니까 앞으로 한번 활용해 보세요. 여러분이 똑똑하게 글 읽는 데 많은 도움이 될 거예요.

농산물 직거래 현장!

몫

옥신각신

이익

피땀

흥정

산더미

하필

손해

원칙

신용

🖊 새롭게 알게 된 단어에 표시해 보세요.

몫
여럿으로 나누어 가지는 각 부분

오늘 번 돈에서 자기 몫을 챙겨 가세요.

피땀
무엇을 이루기 위해 애쓰는 노력과 정성을 비유적으로 이르는 말

우리가 일 년간 피땀 흘려 수확한 거예요.

옥신각신
서로 옳으니 그르니 하며 다투는 모양

판매자들끼리 서로 옥신각신하지 마요.

흥정
물건을 사고팔기 위해 품질이나 가격 등을 의논함

시장 여기저기서 흥정하는 소리가 들렸어요.

이익
일정 기간의 총수입에서 그것을 위하여 들인 비용을 뺀 나머지 액수

농산물을 팔아서 남기는 이익은 많지 않아요.

하필
다른 방도를 취하지 않고 어찌하여 꼭

다른 사람이 하필 내 구역에 와서 판매했어요.

손해
물질적으로나 정신적으로 얻는 것이 적음

여기서 농산물을 팔면 우리에게 손해를 끼치는 거예요.

신용
사람이나 사물이 틀림없다고 믿어 의심하지 않음

처음 본 사람과 신용 거래를 할 수는 없어요.

원칙
어떤 행동이나 이론 등에서 일관되게 지켜야 하는 기본적인 규칙이나 법칙

각자의 구역에서 물건을 파는 것이 원칙이죠.

산더미
물건이 많이 쌓여 있음을 비유적으로 이르는 말

판매장 여기저기에 농산물이 산더미처럼 쌓여 있었죠.

✔️ 빈칸에 들어갈 단어로 알맞은 것을 찾아 연결해 보세요.

① 계산을 잘못해서 큰 ☐☐(이)가 발생했다. •   • 신용

② 오늘 장사로 큰 ☐☐(을)를 얻었다. •   • 하필

③ ☐☐ 내가 나가는 날이 제일 춥네. •   • 손해

④ 돈을 내지 않고 ☐☐(으)로 거래합시다. •   • 이익

1 뜻에 알맞은 단어를 찾아 선으로 연결하고 빈칸에 써 보세요.

산	하	미	우	천
두	피	땀	산	미
여	비	솔	더	소
빛	더	폰	미	딱
땀	한	뚜	원	칙

① ☐ ☐ ☐ : 물건이 많이 쌓여 있음을 비유적으로 이르는 말

② ☐ ☐ : 무엇을 이루기 위해 애쓰는 노력과 정성을 비유적으로 이르는 말

③ ☐ ☐ : 어떤 행동이나 이론 등에서 일관되게 지켜야 하는 기본적인 규칙이나 법칙

2 문장이 완성되도록 괄호 안에서 알맞은 단어를 고르세요.

① 우리는 물건값을 (흥정 / 흥행)해서 더 싸게 샀다.

② 계속 거짓말을 하면 당신의 (신용 / 신중)은 떨어질 것이다.

③ (대필 / 하필) 새 신발을 신으니 비가 내리네.

3 밑줄 친 단어와 바꾸어 쓸 수 <u>없는</u> 것을 골라 ○표 하세요.

친구끼리 서로 **옥신각신**하지 말고 사이좋게 지내보자.

➡ 언쟁 / 실랑이 / 꾸지람 / 입씨름 / 말다툼

1 다음 설명에 알맞은 단어를 고르세요.

- '일정 기간의 총수입에서 그것을 위하여 들인 비용을 뺀 나머지 액수'를 나타내는 단어예요.
- 비슷한 단어로는 '이득', '수익'이 있어요.
- 지나치게 나의 ◻◻만 추구하기보다는 나눔과 배려도 필요해요.

① 이의   ② 이용   ③ 이유   ④ 이익

2 밑줄 친 단어의 뜻을 [보기]에서 골라 기호를 써 보세요.

> 보기
> ㉠ 여럿으로 나누어 가지는 각 부분
> ㉡ 나눗셈에서 어떤 수를 다른 수로 나누어 얻는 수

① 다음 나눗셈의 **몫**을 구하시오. ◻

② 원래 자기 **몫**보다 남의 **몫**이 더 커 보이는 법이다. ◻

③ 과자를 내 **몫**과 동생 **몫**으로 공평하게 나누었다. ◻

3 밑줄 친 부분과 바꾸어 쓸 수 있는 말을 [보기]에서 찾아 문장을 다시 써 보세요.

> 보기   비난, 피해, 소란, 실속

우리 식당 옆에 새로 가게가 생겨서 큰 **손해**를 보았다.

➡

[1~2] 다음 글을 읽고, 질문에 답하세요.

> 오늘은 일 년간 피땀 흘려 수확한 농산물을 장에 나가 직접 판매하는 날이다. 여기저기 산더미처럼 쌓인 농산물이 주인을 기다리고 있었다. 자리를 잡고 본격적으로 장사를 시작했다. 손님들과 흥정하며 물건값을 깎아 주기도 하고 제값에 팔기도 했다. 때로는 처음 본 사람이 신용 거래를 해 달래서 난처하기도 했다. 초반에는 생각보다 많은 이익이 발생해 내 몫도 꽤 많을 것 같았다. 그런데 다른 사람이 하필 내 구역에 와서 판매하기 시작했다. 나는 각자의 구역에서 물건을 파는 것이 원칙이며 여기서 팔면 우리에게 손해를 끼친다고 말했다. 하지만 상대방은 아랑곳하지 않았다. 우리가 옥신각신하는 모습을 멀리서 지켜보던 이장님이 오셔서 중재를 하셨다. <u>우리 마을 이장님은 마을과 관련된 모든 일에 참여해 도움을 주신다.</u>

1 윗글을 읽고 알게 된 내용으로 알맞지 <u>않은</u> 것을 고르세요.

① 마을 사람들은 농산물을 판매해 돈을 벌었다.
② 글쓴이는 처음 본 사람에게 외상으로 물건을 팔았다.
③ 글쓴이는 정해진 가격보다 더 싸게 팔기도 했다.
④ 농산물 판매는 정해진 구역에서만 할 수 있다.
⑤ 글쓴이는 자기 구역에 와서 판매를 한 사람과 시비가 붙었다.

2 윗글의 밑줄 친 부분과 관련된 속담이 쓰인 문장을 고르세요.

① 이장님도 옥에 티는 있지.
② 이장님은 울며 겨자 먹기로 생활하셔.
③ 이장님은 우리 마을에서 약방의 감초 같아.
④ 이장님과의 대화는 하늘의 별 따기야.

3 서로 비슷한 뜻을 지닌 단어끼리 묶인 것을 고르세요.

㉠ 피땀 – 노력   ㉡ 몫 – 지분   ㉢ 원칙 – 변경   ㉣ 하필 – 항상

① ㉠, ㉡   ② ㉠, ㉣   ③ ㉡, ㉢
④ ㉡, ㉣   ⑤ ㉢, ㉣

이 판 사 판

理 判 事 判

다스릴 리 　　 판단할 판 　　 일 사 　　 판단할 판

이판사판은 '이판(理判)'과 '사판(事判)'이 합쳐진 말로 '막다른 데 이르러 어찌할 수 없게 됐을 때'를 뜻해요. '이판'과 '사판'의 의미를 알려면 승려에 대해서 좀 살펴봐야 해요. 조선 시대 승려는 두 부류가 있었어요. 속세와의 인연을 끊고 도를 닦는 일을 하는 승려와 절의 돈과 물건, 사무 등 행정적인 일을 하는 승려예요. 앞서 말한 사회와의 관계를 끊고 도 닦는 일을 바로 '이판'이라고 하고, 나중에 말한 절의 모든 행정적인 일을 하는 것을 '사판'이라고 해요. 절이 존재하기 위해서는 이판과 사판이 모두 꼭 필요하죠. 그렇다면 꼭 필요한 둘이 합쳐져 왜 전혀 관련 없는 뜻이 생겨났을까요?

조선 시대에는 유교를 강조하고 불교를 억압했어요. 따라서 승려가 되면 가장 낮은 신분을 갖게 된다는 뜻이었죠. 가장 낮은 신분인 천민이 된 승려들은 도성에서도 쫓겨나고 출입도 금지 당했어요. 당시에는 승려가 된다는 것은 인생의 막다른 선택이 되던 터라 현재와 같은 뜻으로 사용되기 시작했다고 해요.

여러분은 앞으로 '이판사판'이라고 생각할 일을 만들지 않도록 미리 준비하고 대비하는 게 필요하겠죠!

우리 동네 유적지 개방

훼손

유적

판단

개방

해박하다

애쓰다

생생하다

생애

뒤엉키다

쓰다듬다

✏️ 새롭게 알게 된 단어에 표시해 보세요.

유적

건축물이나 싸움터 또는
역사적인 사건이 벌어졌던 곳

우리 마을에는
고려 시대 유적이
남아 있어요.

개방

문이나 어떤 공간 등을 열어
자유롭게 드나들고 이용하게 함

유적을 개방하자는
사람들이 늘어나고
있어요.

훼손

헐거나 깨뜨려 못 쓰게 만듦

개방으로 자칫
유적이 훼손될 수도
있어요.

쓰다듬다

손으로 살살 쓸어 어루만지다

박물관에 있는 유물을
쓰다듬는 행동은
금지되어 있어요.

판단

사물을 인식하여 논리나
기준 등에 따라 판정을 내림

끝없는 토론에도 유적지
개방에 관한 판단을
내리기는 어려웠죠.

해박하다

여러 방면으로
배워서 얻은 지식이 넓다

유적 개방 결정에 앞서
해박한 역사학자의
조언을 구했죠.

생생하다

바로 눈앞에 보는 것처럼
명백하고 또렷하다

관람객들은 고려 시대
생활상을 생생하게
볼 수 있어요.

뒤엉키다

사람이나 동물 등이 한 무리를
이루거나 마구 달라붙다

관람객이 뒤엉키지 않도록
질서 유지를 하자.

애쓰다

마음과 힘을 다하여
무엇을 이루려고 힘쓰다

마을 사람들이
마을을 위해 애쓰는 게
느껴졌어요.

생애

살아 있는 한평생의 기간

그는 자기 생애 한 번은
유적을 만져 보고
싶었다고 말해요.

✔️ 단어의 뜻을 보고, 문장에 알맞은 말을 써 보세요.

뜻	문장
① 살아 있는 한평생의 기간	➡ 오늘이 내 [ㅅ][ㅇ] 가장 행복한 날이야.
② 헐거나 깨뜨려 못 쓰게 만듦	➡ 공원처럼 함께 쓰는 곳을 [ㅎ][ㅅ]하지 맙시다.
③ 건축물이나 싸움터 또는 역사적인 사건이 벌어졌던 곳	➡ 남해안에서 신석기 시대 [ㅇ][ㅈ]이 발견됐다.
④ 문이나 어떤 공간 등을 열어 자유롭게 드나들고 이용하게 함	➡ 공휴일에는 학교를 [ㄱ][ㅂ]하지 않습니다.

1 빈칸에 공통으로 들어갈 한 글자를 써 보세요.

- 이 문제의 옳고 그름을 객관적으로 [ ]단해 줄 사람 없나요?

- 철수가 우리 반 피구 심[ ]을 맡았다.

- 철호는 계속 거짓말을 해서 평[ ]이 좋지 않다.

2 대화의 빈칸에 들어갈 알맞은 단어를 써 보세요.

철수 우리 마을에 선사 시대 [ㅇ][ㅈ]이 있는 거 알고 있었어?

영희 응, 부모님께 들었어.

철수 이번에 바로 앞에서 볼 수 있도록 [ㄱ][ㅂ]한다던데?

영희 정말? 꼭 가 봐야겠다.

3 다음 표에 있는 단어의 비슷한 말과 반대말을 [보기]에서 찾아 써 보세요.

보기	파손, 유식하다, 보존, 무식하다

	비슷한 말	반대말
해박하다		
훼손		

1 밑줄 친 단어와 바꾸어 쓸 수 있는 것을 고르세요.

부모님은 우리를 위해 항상 **애쓰신다.**

① 고생하신다   ② 몸부림치신다   ③ 휘두르신다
④ 어지르신다   ⑤ 조종하신다

2 대화의 밑줄 친 단어의 뜻으로 알맞은 것을 괄호에서 골라 ○표 하세요.

현수 내 **생애** 첫 미술 조각품이 완성됐어.

이현 멋지다. 작품 이름이 뭐야?

➡ (살아 있는 한평생의 기간 / 어떤 사람이나 일에 대한 기억)

3 다음 중 [보기]의 단어를 사용해 만들 수 <u>없는</u> 문장을 고르세요.

보기	생생하다, 쓰다듬다, 뒤엉키다

① 나는 어릴 때의 기억이 아직도 [   ].

② 세차게 부는 바람에 머리카락이 [   ].

③ 친구가 기르는 고양이의 등을 [   ].

④ 여기는 처음 온 곳이라 길이 [   ].

[1~2] 다음 글을 읽고, 질문에 답하세요.

우리 마을에 있는 고려 시대 유적은 아직 일반인에게 공개되지 않았다. 하지만 최근 유적을 직접 만지고 쓰다듬을 수 있는 방식으로 개방하자는 의견이 늘어나고 있다. 관람객들이 자기 눈앞에 있는 유적을 생생하게 보며 감동할 수 있는, 생애 한 번뿐인 경험을 제공하기 위해서다. 하지만 다른 의견을 가진 사람들은 유적이 훼손될 수도 있다며 반대한다. 모두 우리 마을의 발전을 위해 애쓰는 사람들의 다양한 생각이다. 개방 방식에 관한 끝없는 토론에도 판단을 내리기가 어려워지자 유적 개방위원회는 해박한 지식을 가진 역사학자의 조언을 구했다. 결국, 유적은 멀리서 바라만 보고 관람객들이 서로 뒤엉키지 않도록 관람 통로를 만들기로 했다. 이제 누구든 와서 유적을 관람할 수 있게 되었다.

1 윗글의 내용과 일치하는 것을 고르세요.

① 관람객들이 유적을 직접 만져 볼 수 있게 되었다.
② 마을에는 조선 시대 유적이 있다.
③ 역사학자는 유적 개방에 절대 반대했다.
④ 마을의 유적을 제한적으로 개방하기로 결정됐다.

2 윗글의 내용과 관련된 아래의 상황에 알맞은 표현을 골라 V표 하세요.

유적을 개방하기로 결정되자 반대하던 사람들은 언짢은 감정을 직간접적으로 표현했다.

① 반대하던 사람들은 혀를 찼어. ☐   ② 반대하던 사람들은 혀가 짧아. ☐
③ 반대하던 사람들은 혀가 꼬부라졌어. ☐

3 다음과 같은 상황에서 쓸 수 있는 속담을 고르세요.

토론할 때 사람이 너무 많아 회의가 산만해졌다. 너무 많은 사람이 제각각 이야기하니 결론이 빨리 나지 않았다.

① 십 년이면 강산도 변한다   ② 사공이 많으면 배가 산으로 간다
③ 소문난 잔치에 먹을 것 없다   ④ 서당 개 삼 년에 풍월을 읊는다
⑤ 오르지 못할 나무는 쳐다보지도 마라

가로세로 낱말 퀴즈 '사'가 들어가는 낱말

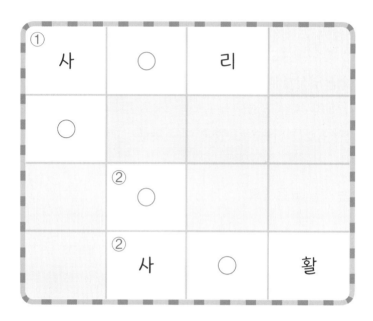

① 사	○	리	
○			
	② ○		
② 사	○		활

가로 →
① 한 지방에서만 쓰는 표준어가 아닌 말
   예 지방에서 온 친구는 사○리를 사용했다.
② 개인의 사사로운 일상생활
   예 다른 사람의 사○활을 존중해야 한다.

세로 ↓
① 총, 대포, 활 따위를 쏨
   예 군인들은 전투에 대비해 사○ 훈련을 한다.
② 가르침을 받은 은혜로운 스승
   예 스승의 날에 중학교때 ○사님을 찾아뵈었다.

반복되는 외세의 침략

여의다

명복

침략

외세

기록

흥건히

명령

거듭

펄펄

성하다

새롭게 알게 된 단어에 표시해 보세요.

명복

죽은 뒤 저승에서 받는 복

마을 주민들은
전쟁에서 죽은 사람들의
명복을 빌었어요.

침략

정당한 이유 없이
남의 나라에 쳐들어감

우리나라는 이웃 나라의
잦은 침략으로 살기가
힘들었어요.

외세

외국의 세력

우리 선조들은
외세의 침탈에 굳건히
맞섰어요.

기록

주로 후일에 남길 목적으로
어떤 사실을 적음

외세의 침략은 우리나라
역사책에 자세히
기록되어 있어요.

여의다

부모나 사랑하는 사람이
죽어서 이별하다

전쟁으로 부모님을 여읜
아이들이 많았어요.

성하다

몸에 병이나 탈이 없다

마을에서
몸이 성한 사람을
찾기 힘들었어요.

명령

윗사람이 아랫사람에게
무엇을 하게 함

군인들은 장수의
명령에 따라 적진으로
돌격했어요.

펄펄

많은 양의 물이나 기름 등이
계속해서 몹시 끓는 모양

전투에서 펄펄 끓는 물을
적에게 붓기도 했죠.

흥건히

물 등이 푹 잠기거나
고일 정도로 많게

치열한 전투로 군사들의
옷은 모두 땀으로
흥건히 젖었죠.

거듭

어떤 일을 되풀이하여

거듭된 전투는 백성들
모두를 지치게 했죠.

단어와 뜻이 올바르게 연결될 수 있도록 중간에 선을 그어 사다리를 만들어 보세요.

명령	외세	거듭	기록
외국의 세력	주로 후일에 남길 목적으로 어떤 사실을 적음	윗사람이 아랫사람에게 무엇을 하게 함	어떤 일을 되풀이하여

1 다음의 상황에 관련된 단어를 [보기]에서 찾아 써 보세요.

> **보기**　　　　　홍건히, 침략, 명복

① 우리는 국립묘지에서 순국선열들을 위해 묵념을 했다.　□

② 우석이는 친구들과 축구를 하고 땀으로 흠뻑 젖었다.　□

③ 1592년에 임진왜란이 일어났다.　□

※ 순국선열: 나라를 위하여 목숨을 바친 윗대의 열사

2 빈칸에 공통으로 들어갈 한 글자를 써 보세요.

- 이순신 장군은 □ 세의 침략을 막아냈다.

- 유리는 아침에 일찍 일어나 □ 출 준비를 했다.

- 날씨가 좋아 우리 가족은 야 □ 로 캠핑을 갔다.

3 밑줄 친 단어의 뜻을 [보기]에서 찾아 기호를 써 보세요.

> **보기**　　㉠ 몸에 병이나 탈이 없다
> 　　　　　㉡ 기운이나 세력이 한창 왕성하다

① 우리 마을에는 농업이 **성하다**.　□

② 전쟁에서 돌아온 삼촌은 **성한** 곳이 없었다.　□

1 밑줄 친 단어와 바꾸어 쓸 수 없는 것을 골라 ○표 하세요.

크게 잘못한 일은 **거듭** 사과할 필요가 있다.

➡ 다시 / 재차 / 자꾸 / 게다가

2 대화의 빈칸에 공통으로 들어갈 단어를 찾아 V표 하세요.

이환 나는 어렸을 때 사고로 부모님을 ＿＿＿＿＿ 할머니 손에 자랐어.

이현 나도 어렸을 때 아버지를 ＿＿＿＿＿ 많이 힘들었어.

이환 우리 둘 다 비슷한 경험이 있구나. 힘내서 열심히 살아보자!

☐ 흘리고   ☐ 날리고   ☐ 여의고   ☐ 뽑히고

3 빈칸에 들어갈 단어가 바르게 짝지어진 것을 고르세요.

• 장군의 ＿＿＿㉠＿＿＿ 에 따라 병사들이 진군했다.

• ＿＿＿㉡＿＿＿ 의 침략은 백성들을 힘들게 만든다.

• 일기는 오늘 있던 일을 ＿＿＿㉢＿＿＿ 하는 것이다.

※ 진군: 적을 치러 군대가 나아가다

	㉠	㉡	㉢
①	명령	외모	기록
②	명소	외모	기록
③	명령	외세	기록
④	명소	외세	기대
⑤	명령	외세	기대

1 다음 글을 읽고, 아래에서 설명하는 단어를 찾아 써 보세요.

> 우리나라는 외세의 침략이 거듭 발생해 많은 피해를 입었다. 전쟁으로 부모를 여의고 고아가 된 아이들도 많았고, 전투에 참가했다가 성하지 않은 몸으로 돌아오는 사람들도 많았다. 전쟁에서는 장수의 명령에 따라 다양한 전투 전략이 쓰였다. 무기를 가지고 직접 적과 마주해 싸우는 것뿐만 아니라 성 위에 오르는 적의 접근을 미리 막기 위해 펄펄 끓는 물을 적을 향해 직접 붓기도 했다. 잠시 전투가 멈추면 세상을 떠난 사람을 위해 명복을 빌기도 했고, 더운 여름에는 흥건히 젖은 군복을 입고 적군과 맞서 싸우기도 했다. 우리나라 역사책에 기록된 전쟁만 해도 모두 나열하기 어려울 정도다. 우리 선조들이 어렵게 지켜낸 만큼 나라를 사랑하는 마음으로 열심히 생활해야 하겠다.

- '주로 후일에 남길 목적으로 어떤 사실을 적음'이라는 뜻이에요.
- '운동 경기 등에서 세운 성적이나 결과를 수치로 나타냄'이라는 뜻도 있어요.

☐ ☐

2 다음 중 밑줄 친 표현이 알맞지 <u>않은</u> 것을 골라 V표 하세요.

① 전쟁으로 부모가 **변을 당한** 경우도 꽤 있었다. ☐

② 놓고 가는 물건이 없는지 **눈을 굴리며** 주변을 잘 살펴봐야 한다. ☐

③ 전쟁으로 친한 친구가 세상을 떠난 부모님은 **배가 아팠다.** ☐

3 대화의 빈칸에 공통으로 들어갈 단어를 골라 V표 하세요.

군인 1 적군이 다가오는 소리가 들리는 것 같아. _____에 찬물을 끼얹은 듯 정신이 번쩍 드네.

군인 2 군대에 _____ 떠밀려 온 건 아니지만 조금 두렵긴 해.

군인 1 그래도 나라를 지키는 일이니 조금 더 힘내자.

☐ 손   ☐ 등   ☐ 다리   ☐ 엉덩이

오늘의 사자성어

기 고 만 장

氣	高	萬	丈
기운 기	높을 고	일만 만	어른 장

기고만장에서 '장(丈)'은 길이의 단위로 10척, 또는 3.03미터를 나타내요. 약 3미터라고 생각하면 되죠. 길에 다니는 키가 정말 큰 사람도 보통 2미터가 채 안 되는 경우가 많으니까 3미터라면 엄청나게 길게 느껴지죠? 근데 3미터가 한두 개도 아니고 만 개가 있다고 하니 상상이 되지 않네요. 이처럼 기고만장은 '기세가 만장의 길이만큼 높다'는 뜻으로 자기 능력에 무척이나 우쭐하는 모습을 표현하는 사자성어예요. 겸손함과는 거리가 먼 행동을 뜻하죠. 비슷한 사자성어로는 '오만방자(傲慢放恣)'가 있어요.

기고만장은 이처럼 누군가 우쭐댈 때 사용하는 표현으로 보통 긍정적이지 못한 내용과 함께 쓰여요. 누군가 지나치게 잘난 척해서 기분이 상할 때 사용하죠. 내가 자신 있는 내용을 자랑하는 건 좋지만 지나친 자랑은 주변 친구들에게 상처를 줄 수도 있으니 기고만장하기보다는 겸손과 배려로 생활해 보면 어떨까요?

9

급식 시간에 벌어진 일

발름거리다

편식

듬뿍

불리다

토라지다

휘젓다

퍼지다

거뜬하다

까먹다

공동

✏️ 새롭게 알게 된 단어에 표시해 보세요.

듬뿍

넘칠 정도로 매우
가득하거나 수북한 모양

나는 식판에 밥을
듬뿍 담았어요.

편식

어떤 특정한 음식만을
가려서 즐겨 먹음

편식하지 말고
골고루 먹자.

토라지다

마음에 들지 않고 뒤틀려서
싹 돌아서다

지현이는 친구의 말에
기분이 상해
토라졌어요.

발름거리다

탄력 있는 물체가 부드럽게
조금 넓게 자꾸 벌렸다 오므렸다 하다

급식 냄새에 민석이는
코를 발름거렸어요.

휘젓다

골고루 섞이도록 마구 젓다

국을 나눠 주는 친구가
국통에 국자를 넣어
휘저었어요.

퍼지다

끓이거나 삶은 것이
불어서 커지거나 잘 익다

처음부터 면발이 퍼져서
친구들 모두 먹기
힘들어 했어요.

불리다

물에 젖게 해서
크기를 커지게 하다

잔치국수의 면이 다 불어서
국물이 줄어들어
있었어요.

까먹다

어떤 사실이나 내용 등을
잊어버리다

나는 화냈던 것도 금세 까먹고
친구들과 재미있는
시간을 보냈어요.

거뜬하다

다루기에 무게가 적고
간편하거나 손쉽다

호영이는 보통 칼국수
두 그릇은 거뜬히
먹어요.

공동

둘 이상의 사람이나 단체가 함께
일하거나 같은 자격으로 관계를 가짐

교실은 공동으로
생활하는 곳이죠.

✔️ 그림을 보고 [보기]에서 알맞은 단어를 골라 빈칸에 써 보세요.

> **보기**   듬뿍, 휘젓다, 까먹다, 발름거리다

①

②

③

④

------------------   ------------------   ------------------   ------------------

1 밑줄 친 말과 바꾸어 쓸 수 있는 단어를 골라 ○표 하세요.

지호는 이 정도 일은 혼자서도 **거뜬하게** 할 수 있다.

민정이는 공연을 하는 도중 대사를 **까먹었다.**

소홀하게

허술하게

손쉽게

탕진했다

깜빡했다

나부꼈다

2 빈칸에 알맞지 <u>않은</u> 단어를 골라 ∨표 하세요.

① 배가 고프니 밥을 _____ 담아 주세요.

☐ 많이 ☐ 듬뿍 ☐ 조금 ☐ 가득

② 소현이는 아빠가 원하던 장난감을 사주지 않자 _____.

☐ 든든했다 ☐ 토라졌다 ☐ 틀어졌다 ☐ 삐쳤다

3 빈칸에 알맞은 단어를 넣어 문장을 완성해 보세요.

① 본격적인 실험 시작 전에 나는 비커에 있는 용액을 ☐ ㅎ ☐ ㅈ 었다.

② 맛있는 냄새가 나자 영철이는 코를 ☐ ㅂ ☐ ㄹ ☐ ㄱ ☐ ㄹ ☐ ㄷ .

1 다음 중 빈칸에 '불리다'를 쓸 수 <u>없는</u> 것을 고르세요.

① 밥을 짓기 전에 쌀을 물에 담가서 ＿＿＿＿＿＿＿.

② 내 노래가 많은 사람에게 ＿＿＿＿＿＿＿.

③ 할머니 댁에 가기 위해 우리 가족은 기차에 ＿＿＿＿＿＿＿.

④ 경품 추첨 장소에서 내 이름이 ＿＿＿＿＿＿＿.

2 밑줄 친 단어의 뜻을 [보기]에서 찾아 기호를 써 보세요.

> **보기**
> ㉠ 끓이거나 삶은 것이 불어서 커지거나 잘 익다
> ㉡ 어떤 물질이나 현상 따위가 넓은 범위에 미치다

① 라면을 오래 끓여 면이 **퍼졌다.** ☐

② 안 좋은 소문은 금방 **퍼진다.** ☐

3 밑줄 친 단어의 뜻에 맞는 말을 골라 ○표 하세요.

① **편식**을 하면 건강이 나빠진다.

➡ (어떤 특정한 음식만을 가려서 즐겨 먹음 / 모든 음식을 골고루 즐겨 먹음)

② 달리기 시합에서 철수와 나는 **공동** 1등을 했다.

➡ (둘 이상의 사람이나 단체가 같은 자격으로 관계를 가짐 / 자기 혼자의 힘으로 성과를 이룸)

[1~2] 다음 글을 읽고, 질문에 답하세요.

> 오늘 급식 메뉴에 목이 빠지게 기다리던 칼국수가 나왔다. 친구들은 음식 냄새에 코를 발름거렸고 두 그릇은 거뜬히 먹을 수 있다며 자기 차례를 기다렸다. 선생님은 교실은 공동 생활하는 곳이므로 서로 배려해서 골고루 나누어 먹어야 한다고 하셨다. 친구들이 식판에 음식을 듬뿍 담아서 맛있게 먹고 있을 때 현서는 토라져서 자리에 그냥 앉아 있었다. 칼국수를 좋아하지 않는다고 말했더니 친구들이 편식을 한다고 현서를 놀렸기 때문이다. 나는 현서를 다독여서 급식을 받게 했지만 현서는 국그릇에서 국수를 휘젓기만 했다. 시간이 지나 면이 퍼지고 다 불어서 국물이 줄어들었다. 나는 현서가 배고플까 봐 걱정됐지만, 다행히 후식을 모두 먹고 기분이 좋아진 현서는 급식 시간에 있었던 일은 모두 까먹은 것 같았다. 현서는 언제 그랬냐는 듯 <u>크게 떠들고 노래를 부르며</u> 쉬는 시간을 보냈다.

1 윗글의 중심 내용에 맞게 빈칸에 들어갈 알맞은 단어를 써 보세요.

급식 시간에 현서가 | ㅌ | | ㄹ | 졌던 일

2 윗글의 밑줄 친 부분과 관련된 사자성어를 고르세요.

① 자수성가 ② 고성방가
③ 남녀노소 ④ 일확천금

3 대화의 흐름상 빈칸에 알맞은 표현을 고르세요.

> 선생님 여러분, 공동 생활할 때 주의할 점에 관해 이야기할게요. 모두 _____.
> 아이들 네, 선생님.

① 귀를 기울여 주세요 ② 귀가 따가워요
③ 귀를 의심해 주세요 ④ 귀가 어두워요

내가 게임 중독?!

지금 이 문제집을 열심히 풀고 있는 여러분들은 평소에 어떤 게임을 하나요? 아무래도 쉽게 접할 수 있는 스마트폰 게임을 가장 많이 하겠죠? 가끔 하는 게임은 여러분 삶의 활력소가 되기도 하고 스트레스도 해소해 줄 거예요. 하지만! 오랜 시간, 그것도 매일 하는 게임은 여러분에게 부정적인 영향을 더 많이 미친다는 사실 알고 있나요? 머리가 점점 나빠지고, 불같이 화내는 일도 많아지고, 학교생활에도 부정적인 영향을 미친답니다. 다음 체크리스트에 자신이 해당하는 사항에 V표 하면서 게임 중독을 체크해 보세요.

공샘's 게임 중독 체크리스트

① 게임 속의 나는 현실의 나보다 더 멋지다.	
② 잠을 잘 시간에 몰래 게임을 한 적이 있다.	
③ 게임에 나오는 캐릭터의 대사를 따라 한다.	
④ 게임 속 행동을 실제로 해 본 적이 있다.	
⑤ 게임 때문에 해야 할 일(숙제 등)을 안 할 때가 있다.	
⑥ 게임을 하지 않으면 불안하고 초조하다.	
⑦ 평소에도 게임 생각이 머릿속에 맴돈다.	
⑧ 누군가 게임을 못 하게 하면 너무 화가 난다.	

- 3개 이하: 게임 중독과 관련이 없습니다.
- 4~6개: 게임 중독이 될 수도 있습니다. 게임 외에 취미 활동을 가져 보세요.
- 7~8개: 게임 중독이 의심됩니다. 게임 시간을 꼭 조절해 주세요.

10

우리 마을에 댐이 생겨요

토종

하류

건설

폭우

비로소

판결

편견

잠기다

헛디디다

불어나다

✏️ 새롭게 알게 된 단어에 표시해 보세요.

건설
건물, 설비, 시설 등을 새로 만들어 세움

우리 동네에 댐 건설이 시작됐어요.

토종
처음부터 그곳에서 나는 동물이나 식물의 종류

댐이 들어서면 토종 개구리의 터전이 사라질 수 있어요.

하류
강이나 내의 아래쪽 부분

강 하류에 있는 마을은 매년 침수 피해를 입었어요.

편견
공정하지 못하고 한쪽으로 치우친 생각

어떤 일이든 편견을 가지고 바라보기 시작하면 안 돼요.

판결
시비나 선악을 판단하여 결정함

마을에 댐을 건설해도 된다는 판결이 났어요.

폭우
갑자기 세차게 쏟아지는 비

우리 마을은 그동안 폭우로 많은 피해를 입었어요.

잠기다
물속에 물체가 넣어지거나 가라앉게 되다

이대로 댐이 들어서면 마을이 물에 잠길 수도 있어요.

비로소
그 전까지 이루어지지 않던 일이 이루어지거나 변화하기 시작함

5년이 지나서야 비로소 댐이 완성됐어요.

불어나다
몸이나 수량 등이 처음보다 커지거나 많아지다

집중 호우로 강물이 불어났어요.

헛디디다
발을 잘못 디디다

발을 헛디디면 댐 아래로 떨어질 수 있으니 조심하세요.

✔️ 빈칸에 들어갈 단어로 알맞은 것을 찾아 연결해 보세요.

① 우리 마을은 ☐☐ 농산물로 유명하다.   •   •   폭우

② 우리 동네에 새 아파트가 ☐☐ 중이다.   •   •   편견

③ 친구를 ☐☐ (으)로 바라보면 안 된다.   •   •   토종

④ 어젯밤 ☐☐ (으)로 내 자동차가 침수됐다.   •   •   건설

1 뜻에 알맞은 단어를 찾아 선으로 연결하고 빈칸에 써 보세요.

부	헉	식	편	헛
양	판	불	식	디
노	결	산	어	디
드	불	어	나	다
허	두	닥	편	견

① ☐ ☐ ☐ ☐ : 발을 잘못 디디다

② ☐ ☐ ☐ ☐ : 몸이나 수량 등이 처음보다 커지거나 많아지다

③ ☐ ☐ : 시비나 선악을 판단하여 결정함

2 문장이 완성되도록 괄호 안에서 알맞은 단어를 고르세요.

① (편견 / 발견)을 버리고 친구를 사귀자.

② 어젯밤 내린 (폭식 / 폭우)(으)로 인명 피해가 발생했다.

③ 환경 오염으로 (별종 / 토종) 개구리가 사라지고 있다.

3 밑줄 친 단어와 바꾸어 쓸 수 <u>없는</u> 것을 골라 ○표 하세요.

부모님이 장난감을 사 주고 나서 **비로소** 연수의 표정이 좋아졌다.

➡ 그제야 / 드디어 / 마침내 / 하마터면

1 다음 설명에 알맞은 단어를 고르세요.

- '강의 아래쪽 부분'을 뜻하는 단어예요.
- 다른 뜻으로 '수준 따위가 낮은 부류'도 있어요.
- 강의 ☐☐에는 넓은 평야가 생겨납니다.

① 상류　　　　　② 하류　　　　　③ 오류　　　　　④ 일류

2 밑줄 친 단어의 뜻을 [보기]에서 찾아 기호를 써 보세요.

> **보기**
> ㉠ 물속에 물체가 넣어지거나 가라앉게 되다
> ㉡ 목이 쉬거나 약간 막혀 소리가 제대로 나지 않다
> ㉢ 자물쇠가 채워지거나 빗장이 걸려 여닫는 물건이 열리지 않다

① 어제 옷을 얇게 입어서 감기에 걸렸는지 내 목이 **잠겼어**. ☐

② 철수 아저씨의 고장 난 배가 물에 **잠겼어**. ☐

③ 내 비밀 일기는 자물쇠로 **잠겨** 있어. ☐

3 밑줄 친 부분과 바꾸어 쓸 수 있는 말을 [보기]에서 찾아 문장을 다시 써 보세요.

> **보기**　　　　건국, 건축, 건장, 건배

우리 마을과 옆 마을을 잇는 다리가 **건설** 중이다.

➡

[1~2] 다음 글을 읽고, 질문에 답하세요.

우리 마을은 한국강 하류에 위치한 달빛 마을이다. 매년 여름마다 폭우로 인해 큰 피해를 입고 있어 댐 건설이 꼭 필요했다. 비가 많이 내리면 강물이 불어나 마을 여기저기에서 물난리가 나고 발을 헛디디면 깊은 웅덩이에 빠지기도 했다. 마을 사람들은 이대로 가면 우리 마을이 물에 잠길 수도 있겠다며 서둘러 댐을 건설하자고 주장했다. 하지만 우리 마을에 있는 토종 개구리의 터전이 사라진다는 이유로 댐 건설을 반대하는 사람들도 많았다. 수년간 이어진 댐 건설에 관련된 갈등은 법원의 판결로 비로소 해결되었다. 법원의 판결로 양측의 이견을 조율해 친환경적인 댐 건설을 할 수 있는 방안이 마련되었다. 마을 주민들은 상대측에 서로 편견을 가지고 주장했던 점을 사과했고, 앞으로 자연 친화적인 댐 건설을 위해 힘을 합치기로 했다. 그리고 바로 오늘 <u>3년간 정성을 다하여 준비한 끝에 모두를 만족시킬 만한 댐이 완성되었다.</u>

1 윗글을 읽고 알게 된 내용으로 알맞지 <u>않은</u> 것을 고르세요.

① 달빛 마을은 강의 아래쪽 부분에 위치한다.
② 달빛 마을은 여름마다 비가 많이 내려 피해를 입고 있었다.
③ 달빛 마을은 비가 내려 물에 완전히 잠긴 적이 있었다.
④ 달빛 마을의 갈등은 법원의 판결로 해결되었다.
⑤ 달빛 마을 주민들은 화해하고 댐 건설을 위해 함께 노력하기로 했다.

2 윗글의 밑줄 친 부분과 관련된 속담을 고르세요.

① 달면 삼키고 쓰면 뱉는다   ② 뛰는 놈 위에 나는 놈 있다
③ 공든 탑이 무너지랴   ④ 배보다 배꼽이 더 크다

3 서로 비슷한 뜻을 지닌 단어끼리 묶인 것을 고르세요.

㉠ 토종 – 외래종	㉡ 폭우 – 호우
㉢ 편견 – 색안경	㉣ 판결 – 변심

① ㉠, ㉡   ② ㉠, ㉣   ③ ㉡, ㉢
④ ㉡, ㉣   ⑤ ㉢, ㉣

가로세로 낱말 퀴즈 '회'가 들어가는 낱말

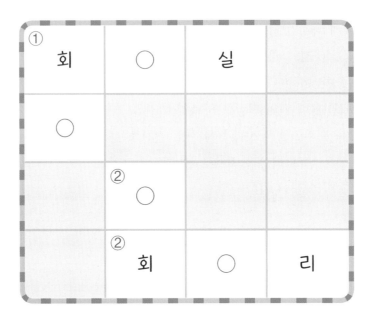

가로 →
① 여럿이 모여 의논하는 데에 쓰는 방
　예 오늘 회의는 3층 회○실에서 하겠습니다.

② 때릴 때 쓰는 나뭇가지
　예 예전에는 큰 잘못을 한 아이에게 주는 벌로 회○리로 종아리를
　　때리기도 했다.

세로 ↓
① 원래의 상태로 돌이키거나 원래의 상태를 되찾음
　예 큰 수술 후에 빠르게 회○했다.

② 이전의 잘못을 깨치고 뉘우침
　예 학생 때 공부를 열심히 안 하면 커서 ○회할 수도 있다.

암행어사 출두요!

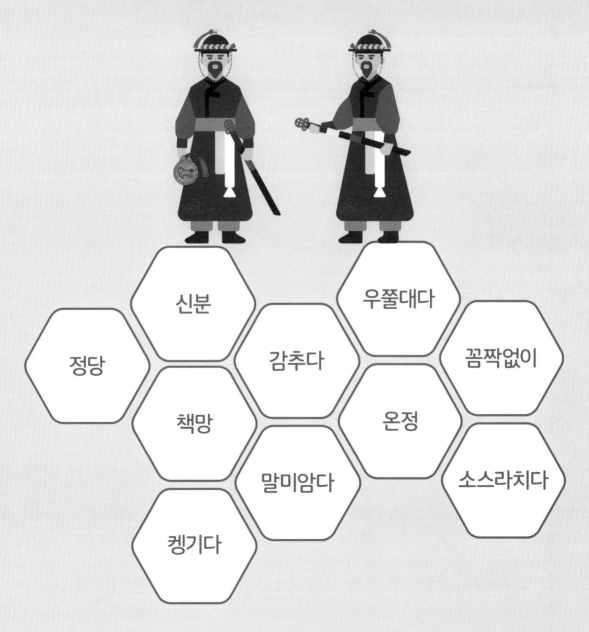

신분

우쭐대다

정당

감추다

꼼짝없이

책망

온정

말미암다

소스라치다

켕기다

✏️ 새롭게 알게 된 단어에 표시해 보세요.

신분

개인의 사회적인 위치나 계급

조선 시대는 신분제 사회였어요.

감추다

어떤 사실이나 감정 등을 남이 모르게 하다

암행어사는 자신의 신분을 감추고 다녔어요.

우쭐대다

의기양양하여 자꾸 뽐내다

탐관오리들은 자기들이 왕인 양 우쭐대며 다녔죠.

꼼짝없이

현재의 상태를 벗어날 방법이나 가능성이 전혀 없이

도망가려던 지방관이 그 자리에서 꼼짝없이 붙잡혔어요.

정당

이치에 맞아 올바르고 마땅함

지방관들이 정당하지 않은 방법으로 세금을 걷기도 했죠.

말미암다

어떤 현상이나 사물 등이 원인이나 이유가 되다

이번 일로 말미암아 우리 마을은 살기 좋은 곳이 될 거예요.

켕기다

마음속으로 겁이 나고 탈이 날까 불안해하다

어사는 당당한 표정으로 마음에 켕기는 것도 없이 행동했어요.

소스라치다

깜짝 놀라 몸을 갑자기 떠는 듯이 움직이다

어사 출두 소식에 탐관오리가 소스라치게 놀랐죠.

책망

잘못을 꾸짖거나 나무라며 못마땅하게 여김

암행어사는 탐관오리를 책망하며 벌을 내렸어요.

온정

따뜻한 사랑이나 인정

지방관 여러분, 백성을 온정으로 대해 주세요.

※탐관오리: 백성의 재물을 탐내어 빼앗는, 행실이 깨끗하지 못한 관리

✔️ 단어의 뜻을 보고, 문장에 알맞은 말을 써 보세요.

뜻		문장
① 잘못을 꾸짖거나 나무라며 못마땅하게 여김	➡	철수는 웃어른께 ㅊ ㅁ 을 자주 받는다.
② 따뜻한 사랑이나 인정	➡	문수는 항상 어려운 사람들에게 ㅇ ㅈ 을 베풀었다.
③ 이치에 맞아 올바르고 마땅함	➡	투표권은 모두에게 공평하게 부여된 ㅈ ㄷ 한 권리이다.
④ 개인의 사회적인 위치나 계급	➡	예전에는 ㅅ ㅂ 에 따라 옷차림이 달랐다.

1 빈칸에 공통으로 들어갈 한 글자를 써 보세요.

- 지나친 [ ] 망은 상대방을 위축시킬 수 있다.

- 너무 자 [ ] 하지 마. 너의 잘못이 아니야.

- 우리 반 회장은 [ ] 임감 있게 모든 일에 최선을 다한다.

2 대화의 빈칸에 들어갈 알맞은 단어를 써 보세요.

탐관오리 나리, 이 밧줄을 풀어 주시지요. [ㄲ] [ㅉ] [ㅇ] [ㅇ] 붙잡힌 제가 도망

이라도 가겠습니까?

암행어사 죄인이 어디서 요구를 하느냐. 네 죄를 네가 알렸다?

탐관오리 나리, 죄송합니다. 이번 한 번만 용서해 주시면 다신 그런 나쁜 행동을 하지 않겠습니다.

암행어사 그동안의 죄로 [ㅁ] [ㅁ] [ㅇ] [ㅇ] 너는 큰 벌을 받을 것이다.

3 다음 표에 있는 단어의 비슷한 말과 반대말을 [보기]에서 찾아 써 보세요.

보기   부당, 공정, 무정, 사랑

	비슷한 말	반대말
온정		
정당		

1 밑줄 친 단어와 바꾸어 쓸 수 있는 것을 고르세요.

그동안 있었던 일을 **감추지만** 말고 이야기해 보세요.

① 맡기지만   ② 가로막지만
③ 가로채지만   ④ 숨기지만
⑤ 억압하지만

2 대화의 밑줄 친 단어의 뜻으로 알맞은 것을 괄호에서 골라 ○표 하세요.

이현   으악!

현수   갑자기 튀어나온 고양이를 보고 **소스라치게** 놀랐구나?

이현   응. 아무도 없는 줄 알았는데 깜짝 놀랐어.

➡ (장단에 맞추어 몸을 움직이며 뛰놀다 / 깜짝 놀라 몸을 갑자기 떠는 듯이 움직이다)

3 다음 중 [보기]의 단어를 사용해 만들 수 <u>없는</u> 문장을 고르세요.

보기	켕기다, 우쭐대다

① 현이는 친구에게 거짓말한 것이 계속 ☐.

② 철수가 시험에서 1등을 한 뒤로 ☐.

③ 남동생이 요즘 나를 피해 다니는 걸 보니 뭔가 ☐ 거야.

④ 수현이는 친구가 전학 간다는 갑작스런 소식에 정신이 ☐.

[1~2] 다음 글을 읽고, 질문에 답하세요.

> 조선 시대에는 지방관을 감시하는 암행어사가 있었다. 암행어사는 신분을 감추고 다니며 백성들의 이야기를 들었다. 그러던 중 한 지방에 파견된 암행어사가 그 마을 관리가 정당하지 않은 방법으로 백성들에게서 세금을 걷는다는 이야기를 들었다. 암행어사는 다음 날 바로 그 지방관을 찾아가 "암행어사 출두요!"를 외쳤다. 그 탐관오리는 소스라치게 놀라 도망치려고 했지만 그 자리에서 꼼짝없이 붙잡혔다. 암행어사는 탐관오리를 책망하며 백성을 온정으로 대하지 않고 우쭐대며 물건을 빼앗은 죄를 이야기했다. 탐관오리는 눈물을 흘리며 앞으로 마음에 켕기는 일이 없게 살아가겠다며 용서해 달라고 했지만 암행어사는 그의 죄에 맞는 벌을 내렸다. 이번 암행어사의 활약으로 말미암아 그 마을에 새로 오는 지방관뿐만 아니라 옆 마을의 지방관들까지 모두 백성들에게 잘해서 그 지역은 더 살기 좋은 곳이 되었다고 한다.
>
> ※ 관리: 관직에 있는 사람

1 윗글의 내용과 일치하는 것을 고르세요.

① 암행어사는 신분을 드러내며 다닌다.　　② 탐관오리는 그동안 백성을 사랑으로 대했다.

③ 탐관오리는 붙잡히기 직전에 도망쳤다.　　④ 탐관오리는 자신의 죄에 맞는 벌을 받았다.

2 윗글의 내용과 관련된 아래의 상황에 알맞은 표현을 골라 V표 하세요.

> 탐관오리는 이 일로 처벌 받은 후 어디서 살아가는지 도통 알 수가 없다.

① 탐관오리가 자취를 감추었다. ☐　　② 탐관오리는 꼬리를 흔들었다. ☐

③ 탐관오리는 그릇이 크다. ☐

3 다음 상황에 알맞은 속담을 고르세요.

> 탐관오리는 본인이 어렸을 때 어렵게 생활하던 시절은 다 잊고 높은 자리에 오르자 백성들의 물건을 빼앗고 괴롭혔다.

① 백지장도 맞들면 낫다　　② 도둑이 제 발 저리다

③ 세 살 적 버릇이 여든까지 간다　　④ 고래 싸움에 새우 등 터진다

⑤ 개구리 올챙이 적 생각 못 한다

오늘의 사자성어

풍 전 등 화

風	前	燈	火
바람 풍	앞 전	등 등	불 화

풍전등화는 '바람 앞의 등불'이라는 뜻이에요. 여러분, 바람이 많이 부는 곳에 생일 케이크에 꽂힌 촛불이 켜 있다고 상상해 보세요. 금방 꺼질까요, 안 꺼질까요? 바람이 조금만 불어도 꺼질 듯 위태로운 모습이 상상되지 않나요? 풍전등화는 이 촛불처럼 앞으로의 운명이 어찌 될지 모르는 위급한 상황에 부닥쳤을 때를 표현하는 사자성어예요. 비슷한 표현으로 '한 번 건드리기만 해도 폭발할 것 같이 몹시 위급한 상태'를 나타내는 '일촉즉발(一觸卽發)'이 있어요.

여러분은 살아오면서 이처럼 위급한 상황이 있었나요? 화장실이 급하거나 몰래 무언가를 하다가 들켰을 때? 숙제를 안 해 왔는데 내 검사 차례가 다가올 때? 이렇게 불안한 풍전등화인 상황을 예방하려면 항상 미리미리 준비하고 대비하는 게 필요해요. 해야 할 일은 미리미리 꼼꼼히 표시하고 다시 한번 확인해 보는 습관을 꼭 가져 보세요.

12

꼬마 작가의 탄생!

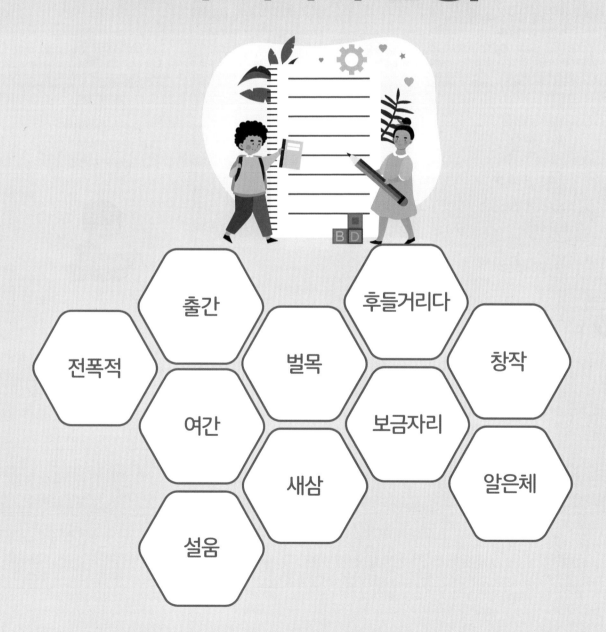

출간

후들거리다

전폭적

벌목

창작

여간

보금자리

새삼

알은체

설움

✏️ 새롭게 알게 된 단어에 표시해 보세요.

전폭적
전체에 걸쳐 남김없이 완전한
동원이는 가족의 전폭적인 지지를 받아 행복했어요.

설움
서럽게 느껴지는 마음
살 곳을 잃은 새들의 지저귐이 설움으로 들렸어요.

창작
예술 작품을 독창적으로 지어냄. 또는 그 예술 작품
나는 무엇이든 새롭게 창작하는 활동이 재미있어요.

후들거리다
팔다리나 몸이 자꾸 크게 떨리다
나는 팔이 후들거릴 정도로 정말 열심히 썼어요.

출간
서적이나 회화 등을 인쇄하여 세상에 내놓음
내가 열심히 쓴 책이 막 출간됐어요.

새삼
이전의 느낌이나 감정 등이 다시금 새롭게
부모님은 제 글솜씨에 새삼 놀라셨죠.

여간
그 상태가 보통으로 보아 넘길 만한 것임
책 쓰는 게 여간 어려운 일이 아닐 텐데 대단해.

알은체
어떤 일에 관심을 가지는 듯한 태도를 보임
동원이는 평소 주변 동물들을 보면 알은체했어요.

벌목
숲의 나무를 벰
무분별한 벌목으로 숲이 점점 사라지고 있어요.

보금자리
새가 알을 낳거나 사는 곳
사람들 때문에 새들이 보금자리를 잃었죠.

✅ 단어와 뜻이 올바르게 연결될 수 있도록 중간에 선을 그어 사다리를 만들어 보세요.

설움	벌목	여간	새삼
숲의 나무를 벰	그 상태가 보통으로 보아 넘길 만한 것임	이전의 느낌이나 감정 등이 다시금 새롭게	서럽게 느껴지는 마음

1 다음 상황에 관련된 단어를 [보기]에서 골라 써 보세요.

> 보기   후들거리다, 출간, 알은체

① 무거운 물건을 들고 난 후 팔이 찌릿했다.   ☐

② 나 그거 아는데! 예전에 배운 거잖아. 알려 줄까?   ☐

③ 서점에서 그 작가의 새 책이 판매되고 있다.   ☐

2 빈칸에 공통으로 들어갈 한 글자를 써 보세요.

- 그 작가의 ☐ 작 동화는 정말 재미있다.

- 삼촌이 새로운 회사를 ☐ 업했다.

- 인영이는 ☐ 의력이 뛰어나 매번 기발한 아이디어를 떠올린다.

3 밑줄 친 단어의 뜻을 [보기]에서 찾아 기호를 써 보세요.

> 보기   ㉠ 이전의 느낌이나 감정 등이 다시금 새롭게
>   ㉡ 하지 않던 일을 하여 갑작스러운 느낌이 들게

① 동생의 춤 실력에 나는 **새삼** 놀랐다.   ☐

② 친분이 없던 친구가 나에게 **새삼** 편지를 건넸다.   ☐

※ 친분: 아주 가깝고 두터운 정

1 밑줄 친 단어와 바꾸어 쓸 수 <u>없는</u> 것을 골라 ○표 하세요.

전쟁 중에는 많은 사람이 다치고 먹을 것이 없는 **설움**을 겪기도 했다.

➡ 서러움 / 슬픔 / 비애 / 비책

2 대화의 빈칸에 공통으로 들어갈 단어를 찾아 V표 하세요.

우현 오랜만이네. 여전히 그 집에서 살고 있어?

이환 아니. 나 이번에 결혼해서 새로운 ＿＿＿＿＿로 이사 갔어.

우현 그렇구나, 축하해! 다음에 기회 되면 한번 놀러 갈게. 위쪽을 봐. 새들도 나무에

＿＿＿＿＿를 만들고 있어.

이환 그렇네. 새들도 나처럼 결혼했나 보다.

☐ 보금자리   ☐ 살림살이   ☐ 둥지   ☐ 진지

3 빈칸에 들어갈 단어가 바르게 짝지어진 것을 고르세요.

- 부모님의 ＿＿＿⑦＿＿＿ 인 지원으로 그는 결국 꿈을 이룰 수 있었다.

- 시험에서 100점을 받는 일은 ＿＿＿ⓒ＿＿＿ 어려운 일이 아니다.

- 지나친 삼림의 ＿＿＿ⓒ＿＿＿으로 인해 산사태가 발생했다.

	⑦		ⓒ		ⓒ
①	전폭적	………	즉시	………	벌칙
②	전폭적	………	여간	………	벌목
③	전폭적	………	여간	………	벌칙
④	소심적	………	즉시	………	벌목
⑤	소심적	………	여간	………	벌칙

[1~3] 다음 글을 읽고, 질문에 답하세요.

저는 평소에 새로운 내용을 창작하는 것을 정말 좋아합니다. 가족은 제가 글쓰기에 전념할 수 있게 전폭적으로 지지해 줍니다. 그 결과 오늘 제 이름으로 멋진 책이 출간되었습니다. 주변에서는 책 쓰는 게 여간 어려운 일이 아닐 텐데 대단하다며 격려해 주었습니다. 팔이 후들거릴 정도로 정말 열심히 썼기에 더 기뻤습니다. 책의 내용은 벌목으로 인해 사라지는 숲에서 보금자리를 잃어 가고 있는 새들에 관한 것입니다. 나무가 잘린 숲에서는 새들의 지저귐이 설움으로 들리고, 많은 동물들 역시 삶의 터전을 잃어 갑니다. 이런 동물들의 아픔이 결국 사람들에게도 전해지면서 사람들이 동물들과 함께 조화롭게 살아가는 방법을 찾게 되는 이야기입니다. 부모님은 책을 읽으며 제 글솜씨에 새삼 놀랐다고 하셨습니다. 평소 지나가며 동물들을 보면 알은체했던 게 책 쓰는 데 도움이 된 것 같다고도 말씀하십니다. 오늘은 정말 기쁜 날입니다!

1 아래에서 설명하는 단어를 윗글에서 찾아 써 보세요.

- '어떤 일에 관심을 가지는 듯한 태도를 보임'이라는 뜻이에요.
- 비슷한 말로는 '알은척'이 있어요.

☐ ☐ ☐

2 윗글의 내용과 관련된 문장 중 알맞지 <u>않은</u> 표현을 쓴 것을 골라 V표 하세요.

① 너희 부모님께서 기뻐서 **입이 귀밑까지 찢어지셨겠다.** ☐

② 책을 출간하다니 **독 안에 든 쥐가 됐구나.** ☐

③ 책을 출간하기 위해 너는 글쓰기에 **열을 올렸구나.** ☐

3 윗글에 관련된 대화의 빈칸에 공통으로 들어갈 단어를 골라 V표 하세요.

엄마   네가 처음 쓴 글이 〈_____와 거북이〉를 읽고 쓴 독후감인 것 기억나니?

꼬마 작가   네. 그때 친구들이 제가 쓴 글을 보고 놀란 _____ 눈을 했어요.

엄마   글쓰기를 멈추지 않고 꾸준히 노력해 줘서 고맙고 대견하구나.

☐ 자라   ☐ 토끼   ☐ 여우   ☐ 독수리

가로세로 낱말 퀴즈　'책'이 들어가는 낱말

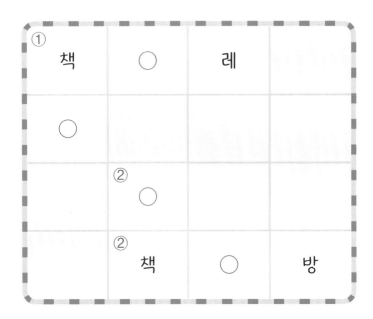

가로 →
① 지나치게 책을 읽거나 공부하는 데만 열중하는 사람을 놀림조로 이르는 말

　예 철수는 책을 너무 많이 읽어서 별명이 책○레다.

② 주로 학생들이 책이나 학용품을 넣어서 들거나 메고 다니는 가방

　예 오늘은 준비물이 많아 책○방이 무겁다.

세로 ↓
① 맡아서 해야 할 임무나 의무

　예 이번 일은 제가 책○지고 해결하겠습니다.

② 자신의 결함이나 잘못에 대하여 스스로 깊이 뉘우치고 자신을 책망함

　예 이번 일은 네 탓이 아니야. 너무 ○책하지 마.

작은 시골 마을로 떠나요

촌락

캐다

제공

편의

혼잡

홍보

갖추다

상쾌하다

여가

휴양

✏️ 새롭게 알게 된 단어에 표시해 보세요.

촌락

주로 시골에서,
여러 집이 모여 사는 곳

촌락은 도시와 많은
차이점이 있죠.

편의

형편이나 조건 등이 편하고 좋음

이 캠핑장에는
생활 편의를 위한
시설이 모두 있어요.

캐다

땅속에 묻혀 있는
자연 생산물을 파서 꺼내다

농작물 캐기에 참여해
보세요.

혼잡하다

여럿이 한데 뒤섞이어 어수선하다

혼잡한 도시를
벗어나 보세요.

제공

무엇을 내주거나 갖다 바침

불편함이 없도록
행사 참가자들에게 필요한
모든 것이 제공돼요.

갖추다

있어야 할 것을 가지거나 차리다

캠핑장에 모든 게
갖추어져 있어서 우리는
몸만 가면 돼요.

상쾌하다

느낌이 시원하고 산뜻하다

시원한 봄바람이
우리 기분을
상쾌하게 해요.

여가

일이 없어 남는 시간

여기서는 여가를
재미있게 즐길 수
있어요.

홍보

널리 알림

우리 군청은 다양한
행사를 홍보하기로
했어요.

휴양

편안히 쉬면서 몸과 마음을
잘 돌봄

우리 가족은 강을
바라보며 휴양하기로
결정했어요.

✅ 단어의 뜻을 보고, 문장에 알맞은 말을 써 보세요.

뜻	문장
① 편안히 쉬면서 몸과 마음을 잘 돌봄	➡ 훈이는 바쁜 일을 모두 마친 후 [ㅎ][ㅇ] 하러 떠났다.
② 널리 알림	➡ 그녀는 영화 [ㅎ][ㅂ]를 위해 오랜만에 TV에 출연했다.
③ 여럿이 한데 뒤섞이어 어수선하다	➡ 출근 시간에는 도로가 [ㅎ][ㅈ][ㅎ][ㄷ].
④ 무엇을 내주거나 갖다 바침	➡ 우리 기숙사에서는 아침 식사를 [ㅈ][ㄱ]한다.

1 빈칸에 공통으로 들어갈 한 글자를 써 보세요.

- 너는 ☐ 가를 어떻게 보내니?

- 철수의 행동은 충분히 오해받을 ☐ 지가 있다.

- 부모님께서 ☐ 생을 촌락에서 보내기로 하셨다.

2 대화의 빈칸에 들어갈 알맞은 단어를 써 보세요.

철수 우리 마을에 24시간 ☐ㅍ☐ ☐ㅇ☐ 점이 생긴대.

영희 정말? 어떻게 알았어?

철수 저기 벽에 붙여 놓은 ☐ㅎ☐ ☐ㅂ☐ 포스터에 쓰여 있었어.

영희 여기 보니까 오픈하는 날에 방문하는 사람들에게 무료로 빵도 1개씩 ☐ㅈ☐ ☐ㄱ☐ 한대.
꼭 가 보자.

3 다음 표에 있는 단어의 비슷한 말과 반대말을 [보기]에서 찾아 써 보세요.

보기	불쾌하다, 산뜻하다, 번잡, 질서

	비슷한 말	반대말
상쾌하다		
혼잡		

1 밑줄 친 단어와 바꾸어 쓸 수 있는 것을 고르세요.

할머니께서 편찮으셔서 시골집에서 **휴양**하고 계신다.

① 요리　　　　② 승리　　　　③ 조리　　　　④ 소양　　　　⑤ 교양

2 대화의 밑줄 친 단어의 뜻으로 알맞은 것을 괄호에서 골라 ○표 하세요.

현수　이번에 우리 **촌락**에 체육시설이 들어온대.

이현　와, 기대된다! 우리 같이 가서 운동하자.

➡ (주로 시골에서, 여러 집이 모여 사는 곳 / 주로 도시에서, 동떨어져 사는 곳)

3 다음 중 [보기]의 단어를 사용해 만들 수 <u>없는</u> 문장을 고르세요.

보기	캐다, 갖추다

① 나는 부모님과 함께 땅속에 있는 고구마를 [   ].

② 나는 자전거를 타기 위해 안전 장비를 모두 [   ].

③ 선생님은 교실에서 발생한 사건의 원인을 [   ].

④ 잘 달리던 차가 갑자기 [   ].

[1~2] 다음 글을 읽고, 질문에 답하세요.

> 보통 촌락에서 하는 캠핑은 편의 시설이 부족하고 불편하다는 생각을 많이 한다. 하지만 우리 마을에 있는 캠핑장에는 샤워와 주방 시설이 모두 갖추어져 있고, 전화 한 통이면 불편함 없이 모든 것을 제공 받을 수 있다. 우리 마을은 촌락에 대한 편견을 깨뜨리기 위해 매년 다양한 행사를 진행하고 적극적으로 홍보한다. 우리 마을에서는 농작물 캐기 행사, 혼잡한 도시를 벗어나 즐기는 시원한 물놀이 행사, 상쾌한 공기와 함께 산책하기 행사 등이 열린다. 다양한 편의 시설과 재미있는 행사로 인근 지역뿐만 아니라 멀리서도 여가를 즐기러 우리 마을을 찾아오는 사람들이 많아졌다. 진정한 휴양을 원한다면 우리 마을이 가장 좋은 선택이 될 것이다.

1 윗글의 내용과 일치하는 것을 고르세요.

① 우리 마을에는 캠핑을 위한 편의 시설이 부족하다.
② 우리 마을은 따로 행사를 진행하지 않는다.
③ 우리 마을은 공기가 깨끗하지 않다.
④ 우리 마을은 휴양하기에 적합하다.

2 윗글의 내용과 관련된 아래의 상황에 알맞은 표현을 골라 V표 하세요.

> 글쓴이는 마을 자랑을 끝도 없이 하고 있어. 정말 대단한 것 같아.

① 글쓴이는 입에 침이 마르도록 자랑하고 있어. ☐
② 글쓴이는 마른침을 삼키고 있어. ☐
③ 글쓴이는 침을 삼키며 기다리고 있어. ☐

3 다음 상황에 알맞은 속담을 고르세요.

> 우리 마을은 올해 처음 열심히 마을 홍보를 했지만 생각보다 많은 사람이 방문하지는 않았다. 하지만 내년에는 더 노력해서 열심히 홍보할 것이다.

① 칼로 물 베기다 ② 그 나물에 그 밥이다 ③ 한술 밥에 배부르랴
④ 작은 고추가 더 맵다 ⑤ 입에 쓴 약이 병에는 좋다

오늘의 사자성어

금 상 첨 화

錦　上　添　花

비단 금　　윗 상　　더할 첨　　꽃 화

금상첨화는 왕안석(王安石)의 시 〈즉사(卽事)〉에서 유래한 표현이에요. 〈즉사〉는 즉석에서 즉흥적으로 지은 시인데, 시에 나오는 '첨금상화(添錦上花)'가 널리 쓰이며 조금 변형된 거예요. 시에서는 좋은 장소에 초대받아 술을 마시며 노래까지 듣게 된 것이 비단 위에 꽃을 더한 것처럼 너무 행복했다고 나와 있어요. 이처럼 금상첨화는 '좋은 것에 더 좋은 것을 더한다'라는 뜻으로 쓰여요. 이미 좋은 것이 있는데 더 좋은 것을 더하면 얼마나 기쁠지 상상이 되나요?

여러분의 생일날 부모님께서 여러분이 좋아하는 선물을 주셨다고 상상해 보세요. 그런데 할머니 할아버지가 선물을 또 주셨어요. 거기에 맛있는 음식까지 가득할 때 사용할 수 있는 표현이 바로 금상첨화예요. 나에게 있었던 일 중에 금상첨화를 떠올려 보세요. 생각만으로도 더 행복해질 수 있을 거예요.

유기농 제품을 팝니다

희소성

원료

한정

꼼꼼하다

손질

품질

할인

혜택

원산지

협약

✏️ 새롭게 알게 된 단어에 표시해 보세요.

한정

수량이나 범위를 제한하여 정함

이번 제품은 한정 수량만 판매해요.

희소성

인간의 물질적 욕구에 비해 그 충족 수단이 부족한 상태

열대 유기농 과일은 희소성이 높아 값이 비싸요.

품질

물건의 성질과 바탕

우리 제품은 뛰어난 품질을 자랑해요.

꼼꼼하다

빈틈이 없이 차분하고 조심스럽다

판매하는 상품은 모두 꼼꼼하게 검사했어요.

원료

어떤 물건을 만드는 데 들어가는 재료

이 제품은 몸에 좋은 원료로 만들었어요.

원산지

물건의 생산지

이 농산물은 원산지가 국내산으로 표시되어 있네요.

손질

손을 대어 잘 매만지는 일

이 물건은 농부가 직접 손질한 작물이에요.

협약

협상에 의하여 조약을 맺음

우리 회사는 농가와 직접 협약을 맺어 제품을 싸게 판매 중이죠.

할인

일정한 값에서 얼마를 뺌

3개 사면 1,000원이 할인돼요.

혜택

은혜와 덕택을 아울러 이르는 말

이번이 올해의 마지막 할인 혜택이에요.

✅ 단어와 뜻이 올바르게 연결될 수 있도록 중간에 선을 그어 사다리를 만들어 보세요.

혜택	한정	원료	희소성
수량이나 범위를 제한하여 정함	어떤 물건을 만드는 데 들어가는 재료	인간의 물질적 욕구에 비해 그 충족 수단이 부족한 상태	은혜와 덕택을 아울러 이르는 말

1 다음 상황에 관련된 단어를 [보기]에서 골라 써 보세요.

> **보기** 할인, 원산지, 협약

① 이 망고는 태국에서 재배되었다.

① 만 원짜리 물건을 오천 원에 팝니다.

③ 우리나라와 미국은 관세를 없애기로 합의했다.

※ 관세: 수출·수입되거나 통과되는 화물에 부과되는 세금

2 빈칸에 공통으로 들어갈 한 글자를 써 보세요.

- 이 지역에서 수확한 배추의 품[   ]이 매우 뛰어나다.

- 감독님의 설명이 모두 끝난 후에 [   ]문해 주세요.

- 나는 추위를 많이 타는 체[   ]이다.

3 밑줄 친 단어의 뜻을 [보기]에서 찾아 기호를 써 보세요.

> **보기** ㉠ 손을 대어 잘 매만지는 일
> ㉡ 손으로 남을 함부로 때리는 일

① 내가 동생에게 **손질**하면 부모님께 혼난다.

② 엄마는 외출하기 전 머리를 **손질**했다.

1 밑줄 친 단어와 바꾸어 쓸 수 <u>없는</u> 것을 골라 ○표 하세요.

과일은 시장에서 판매하기 전에 **꼼꼼하게** 검수 후 등급별로 분류된다.

➡ 빈틈없게 / 자세하게 / 세밀하게 / 허술하게

※ 검수: 물건의 규격, 수량, 품질 등을 검사 받음

2 대화의 빈칸에 공통으로 들어갈 단어를 찾아 V표 하세요.

이환 오늘 가려는 미술관은 관람이 오후 5시까지로 _____되어 있어.

이현 어서 가야겠네. 지수야, 지금 읽고 있는 그 책 혹시 이번에 천 권만 _____판으로
출시된 책이야?

지수 응, 맞아. 어제 줄 서서 겨우 구입했어. 다 읽고 빌려줄게.

☐ 한정   ☐ 헌정   ☐ 주정   ☐ 미정

3 빈칸에 들어갈 단어가 바르게 짝지어진 것을 고르세요.

• 책을 한 권 사면 한 권 더 받는 _____ ㉠ _____을 오늘만 제공합니다.

• 300년이 지난 우표는 _____ ㉡ _____이 높다.

• 화장품을 만들기 위해 다양한 식물성 _____ ㉢ _____를 섞었다.

	㉠	㉡	㉢
①	혜택	사회성	원료
②	광택	희소성	무료
③	혜택	사회성	원료
④	광택	사회성	무료
⑤	혜택	희소성	원료

[1~2] 다음 글을 읽고, 질문에 답하세요.

우리 마을은 품질 좋은 다양한 유기농 제품을 판매한다. 마을 주민들이 꼼꼼하게 검수해 최상의 상품을 제공하며 직접 손질까지 한다. 대형 유통업체와 협약을 맺어 도시에서도 우리 제품이 많이 팔린다. 한정 수량만 판매하는 할인 행사를 시작한 이후로 주문이 더 늘어나고 있다. 유기농 제품은 희소성 때문에 항상 사람들의 많은 관심을 받는다. 올해 우리 마을에서는 유기농 사과 한 상자를 구입하시는 고객에게 처음이자 마지막 혜택으로 유기농 사과즙 30봉을 받을 수 있는 기회를 마련했다. 또한, 다양한 유기농 원료를 이용해 새로운 제품을 만들어 내고 있다. 원산지가 우리 마을로 표기되어 있어 마을 주민들 모두 무척이나 뿌듯해한다. 몸에 좋은 우리 마을 유기농 농산물과 제품들이 더 널리 알려지면 좋겠다.

1 아래에서 설명하는 단어를 윗글에서 찾아 써 보세요.

- '일정한 값에서 얼마를 뺌'이라는 뜻이에요.
- 반대말로 '할증'이 있어요.

☐ ☐

2 윗글을 읽고 알게 된 내용으로 알맞지 <u>않은</u> 것을 고르세요.

① 마을 주민들이 제품을 직접 손질한다.
② 유기농 제품의 검수는 협약을 맺은 업체에서 진행한다.
③ 할인 행사를 통해 주문량이 늘어났다.
④ 마을에서는 유기농 원료를 이용한 제품도 개발한다.
⑤ 제품의 원산지 표시에 마을 이름이 들어가 있다.

3 다음 중 밑줄 친 표현이 알맞지 <u>않은</u> 것을 골라 V표 하세요.

① <u>코 묻은 돈</u>을 모아 과일을 사러 온 아이를 보니 기특했다. ☐

② 제품을 손질할 때는 함께하는 두 명의 <u>손발이 맞아야 한다.</u> ☐

③ 우리 마을이 더 잘되라고 사람들은 <u>소금을 뿌리며</u> 기도했다. ☐

스스로 생활해요!

4학년 여러분! 이제 부모님 도움 없이도 스스로 할 수 있는 일이 점점 많아지고 있죠? 부모님과 함께하는 일도 많고, 때로는 혼자 하고 싶은 일도 생겨날 거예요. 우리 친구들이 스스로 할 수 있는 일에는 어떤 것들이 있을까요? 아래 내용을 읽고, 내가 지금 하는 것들을 표시해 보세요.

내가 혼자 하는 일
☐ 운동화 끈 묶기   ☐ 스스로 공책 정리하기
☐ 내 물건은 내가 정리하기   ☐ 생활 계획표 세워서 실천하기
☐ 스스로 세수하고 학교 갈 준비하기   ☐ TV, 스마트폰 정해진 시간만 보기
☐ 알람 맞추고 아침에 스스로 일어나기   ☐ 책상에 바르게 앉아 30분 이상 책 읽기
☐ 학교 가기 전날 책가방에 필요한 물건 넣기
☐ 학교 다녀와서 혼자 알림장 읽어 보고 부모님께 이야기하기

- 1~2개: 앞으로 스스로 할 수 있는 일을 더 찾으면 좋겠어요. 자신이 할 일을 스스로 하면 책임감을 기를 수 있어요.
- 3~4개: 위의 표에서 2가지 정도만 목표를 확실히 정해 일주일만 실천해 보세요.
- 5~7개: 스스로 잘하고 있지만 조금만 더 노력해 주세요.
- 8~10: 바람직하게 생활하고 있어요. 앞으로도 꾸준히 스스로 생활하는 어린이가 되어 주세요.

15

우리 가족 첫 캠핑

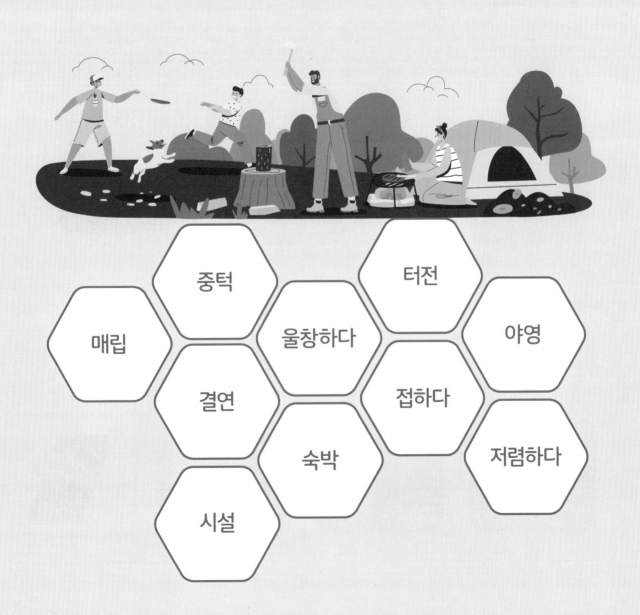

중턱

터전

매립

울창하다

야영

결연

접하다

숙박

저렴하다

시설

✏️ 새롭게 알게 된 단어에 표시해 보세요.

중턱
산이나 고개, 바위 등의 중간쯤 되는 곳
우리는 산 중턱에 위치한 캠핑장으로 갔어요.

울창하다
나무가 빽빽하게 우거지고 푸르다
캠핑장은 울창한 숲속에 위치해 있죠.

터전
살림의 근거지가 되는 곳
순규네 가족은 삶의 터전을 벗어나 교외로 떠났죠.

야영
휴양이나 훈련을 목적으로 야외에 천막을 쳐 놓고 하는 생활
순규는 첫 야영을 할 생각에 기뻤어요.

매립
우묵한 땅이나 하천, 바다 등을 돌이나 흙 등으로 채움
불법으로 쓰레기를 매립하면 벌을 받아요.

접하다
소식이나 명령 등을 듣거나 받다
순규가 도착한 곳은 TV로 접해 본 캠핑장이었어요.

결연
서로 인연을 맺거나 그런 관계
그 캠핑장은 우리 회사와 결연을 한 곳이에요.

저렴하다
물건 등의 값이 싸다
이곳에서는 다른 곳에 비해 저렴하게 묵을 수 있어요.

숙박
여관이나 호텔 등에서 잠을 자고 머무름
우리는 텐트에서 숙박하기로 했죠.

시설
도구, 기계, 장치 따위를 베풀어 갖춤
캠핑장 시설이 깔끔하고 잘 갖추어져 있어요.

✔️ 그림을 보고 [보기]에서 알맞은 단어를 골라 빈칸에 써 보세요.

보기	야영, 매립, 저렴하다, 울창하다

①

②

③

④

-90% -50% -70% SALE

----------- ----------- ------------ ------------------

1 밑줄 친 말과 바꾸어 쓸 수 있는 단어를 골라 ○표 하세요.

새로 지은 건물은 최첨단 **시설**을 갖추고 있다.

부설

설비

설문

오늘은 호텔에서 **숙박**을 하기로 했다.

앙숙

투숙

정박

2 빈칸에 알맞지 <u>않은</u> 단어를 골라 ∨표 하세요.

① 산에 오르니 나무가 _____.

　울창하다　　　　옹졸하다　　　　우거지다　　　　무성하다

② 친척들과 함께 _____ (을)를 하러 떠났다.

　들살이　　　　캠핑　　　　야영　　　　야망

3 빈칸에 알맞은 단어를 넣어 문장을 완성해 보세요.

① 도시의 학교와 촌락의 학교가 ㄱ　ㅇ 하였다.

② 정부는 바다를 ㅁ　ㄹ 해서 육지로 만들었다.

1 다음 중 빈칸에 '중턱'을 쓸 수 <u>없는</u> 문장을 고르세요.

① 산 _____에 오르니 숨이 차올랐다.

② 겨울이 _____을 넘어 낮이 조금 길어졌다.

③ 왠지 불안한 예감이 _____했다.

④ 해가 떠오르다 산 _____에 걸렸다.

2 밑줄 친 단어의 뜻을 [보기]에서 찾아 기호를 써 보세요.

> **보기**　　㉠ 소식이나 명령 등을 듣거나 받다
> 　　　　　㉡ 이어서 닿다

① 나는 전학 간 친구의 소식을 오랜만에 **접했다**.　　☐

② 우리 마을은 바다와 **접해** 있다.　　☐

3 밑줄 친 단어의 뜻에 맞는 말을 골라 ○표 하세요.

① 꽃잎 양로원은 가까운 의료기관과 **결연**을 하였다.

➡ (서로 인연을 맺거나 그런 관계 / 서로 인연을 끊거나 그런 관계)

② 시즌이 지난 옷은 **저렴하게** 살 수 있다.

➡ (물건 등이 다양하게 있다 / 물건 등의 값이 싸다)

[1~2] 다음 글을 읽고, 질문에 답하세요.

오늘은 내가 손꼽아 기다리던 **야영**을 떠나는 날이었다. 우리 가족은 삶의 터전을 벗어나 산 중턱에 위치한 캠핑장에 도착했다. 캠핑장은 울창한 숲속에 위치해 있었는데 TV로 접해 본 적이 있는 장소라 나에게는 익숙했다. 시설은 깔끔하고 화장실도 개별로 쓸 수 있었다. 우리는 카라반과 텐트 중 텐트에서 숙박을 하기로 했다. 텐트가 카라반보다 더 **저렴**하고 재미있을 것 같았기 때문이었다. 환경 보호를 위해 쓰레기 **매립**은 금지였고 분리수거장이 따로 있었다. 부모님 회사와 **결연**을 한 곳이라 캠핑장 사장님이 저녁에 바비큐용 고기를 서비스로 더 주셔서 기분이 좋았다.

※ 카라반: 자동차에 매달아 끌고 다닐 수 있게 만든 이동식 주택

---

1 윗글의 중심 내용에 맞게 빈칸에 들어갈 알맞은 단어를 써 보세요.

기다리던 ☐ ㅇ ☐ ㅇ ☐ 을 떠난 날

2 윗글에 관련된 대화의 흐름상 빈칸에 알맞은 표현을 고르세요.

관리인 어제, 여기에 쓰레기 묻으셨죠?

이용객 네? 제가 한 지 어떻게 아셨어요?

관리인 버린 음식물 자국이 텐트에서부터 쭉 이어진 걸 보고 _____.

이용객 죄송해요. 다시 가져갈게요.

① 꼬리를 뺐어요   ② 꼬리를 내렸어요
③ 꼬리를 잡았어요   ④ 꼬리를 쳤어요

3 다음 문장의 밑줄 친 부분과 관련된 사자성어를 고르세요.

야영을 하는 곳의 풍경은 **봄, 여름, 가을, 겨울** 모두 다른 매력이 있을 것 같았다.

① 천재지변   ② 춘하추동
③ 유일무이   ④ 입신양명

가로세로 낱말 퀴즈 '지'가 들어가는 낱말

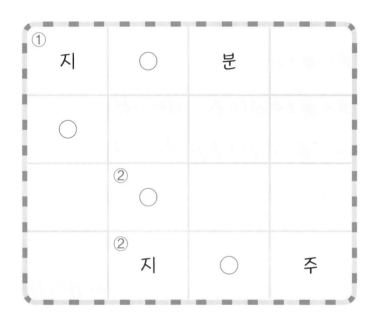

가로 →
① 정돈되어 있지 않고 어수선함
예 오늘 지○분한 내 방을 깨끗이 정리했다.
② 이 주의 바로 앞의 주
예 이번 주는 지○주보다 더 춥다.

세로 ↓
① 일러서 시킴. 또는 그 내용
예 약은 약사의 지○에 따라 복용해야 한다.
② 주택, 공장, 작물 재배지 등이 집단을 이루고 있는 일정 구역
예 우리 아파트 ○지에는 나무가 많다.

16

신제품이 유출됐어요!

지원

대우

유출

부당

침해

추진하다

재질

치우치다

개발

바탕

✏️ 새롭게 알게 된 단어에 표시해 보세요.

대우
어떤 사회적 관계나 태도로 대하는 일
누구나 특별한 대우를 받으면 좋아해요.

유출
귀중한 물품이나 정보가 불법적으로 나라나 조직 밖으로 나감
우리 회사의 신제품 관련 정보가 유출됐어요.

부당
이치에 맞지 아니함
한 직원이 부당하게 해고당했어요.

침해
침범하여 해를 끼침
저작권 침해는 법의 처벌을 받아요.

지원
지지하여 도움
이번 신제품 개발은 회사로부터 적극적인 지원을 받았어요.

치우치다
균형을 잃고 한쪽으로 쏠리다
회의가 기획팀의 의견으로 치우쳐 진행됐죠.

추진하다
목표를 향하여 밀고 나가다
우리 기획팀은 다양한 새 프로젝트를 추진하고 있어요.

개발
새로운 물건을 만들거나 새로운 생각을 내놓음
기획팀과 지원팀이 함께 신제품을 개발했어요.

바탕
사물이나 현상의 근본을 이루는 것
이번 제품은 과학적 원리를 바탕으로 개발됐어요.

재질
재료가 가지는 성질
이 제품은 플라스틱 재질이네요.

※ 저작권: 창작물에 대하여 만든 사람이 행사하는 독점적 권리

✅ 빈칸에 들어갈 단어로 알맞은 것을 찾아 연결해 보세요.

① 생일인 친구는 그날 특별한 ☐☐(을)를 받는다. ・　　　・ 지원

② 전투 중 저 멀리에서 우리 ☐☐ 군이 보였다. ・　　　・ 대우

③ 우리 부모님은 신제품 ☐☐ 업체에서 일하신다. ・　　　・ 개발

④ 시험 문제는 절대 ☐☐ 되면 안 된다. ・　　　・ 유출

1 뜻에 알맞은 단어를 찾아 선으로 연결하고 빈칸에 써 보세요.

우	치	위	치	도
현	우	살	연	추
자	치	재	출	적
질	다	질	다	했
추	진	하	다	다

① ☐☐☐☐ : 균형을 잃고 한쪽으로 쏠리다

② ☐☐☐☐ : 목표를 향하여 밀고 나가다

③ ☐☐ : 재료가 가지는 성질

2 문장이 완성되도록 괄호 안에서 알맞은 단어를 고르세요.

① 누구든 다른 사람의 사생활을 (침해 / 폐해)하면 안 된다.

② 피부색이 다르다고 차별 (환대 / 대우)를 하면 안 된다.

③ 우리나라에서 새로운 인공위성이 (개발 / 개최)되었다.

3 밑줄 친 단어와 바꾸어 쓸 수 없는 것을 골라 ○표 하세요.

우리 단체는 전쟁 난민을 **지원**하기 위해 해외로 떠났다.

➡ 원조 / 지배 / 구호 / 뒷바라지

1 다음 설명에 알맞은 단어를 고르세요.

- 귀중한 정보가 새어 나갈 때 사용하는 단어예요.
- 다른 뜻으로 '밖으로 흘러 나가거나 흘려 내보냄'도 있어요.
- 반대말로는 '유입'이 있어요.

① 유행　　　　　　② 유배　　　　　　③ 유출　　　　　　④ 유포

2 밑줄 친 단어의 뜻을 [보기]에서 찾아 기호를 써 보세요.

보기
㉠ 사물이나 현상의 근본을 이루는 것
㉡ 그림, 글씨, 무늬 등을 놓는 물체의 바닥
㉢ 어떤 일을 한 차례 끝내는 동안을 세는 단위

① 집 그림 주변 **바탕**을 하늘색으로 칠하면 더 생동감 있어 보이겠다.　□

② 이 책은 실화를 **바탕**으로 쓰였다고 알려졌다.　□

③ 한나는 친구들과 술래잡기를 몇 **바탕** 하고 집에 돌아왔다.　□

3 밑줄 친 부분과 바꾸어 쓸 수 있는 말을 [보기]에서 찾아 문장을 다시 써 보세요.

보기　　　　부족, 부도, 부재, 부적절

학생 투표도 하지 않고 선생님이 직접 학급 회장을 뽑는 일은 **부당**하다.

➡

[1~2] 다음 글을 읽고, 질문에 답하세요.

우리 회사는 올해 과학적 원리를 바탕으로 새로운 재질로 만든 신제품 개발을 목표로 다양한 프로젝트를 추진했다. 그러나 테스트를 거쳐 출시를 앞둔 시점에 다른 회사에서 비슷한 제품이 먼저 출시되었다. 우리 제품은 지정된 날짜에 출시되지 못했고 내년으로 출시 여부와 일정을 미룬 채 내부 회의를 했다. 그러다 얼마 전 한 직원이 자신이 회사에서 부당한 대우를 받는다며 회사를 그만둔 일이 생각났다. 제품 개발 담당자인 본인의 의견보다 기획팀의 의견으로 치우쳐 개발이 진행되는 것과 적극적인 지원을 받지 못한다는 게 그 이유였다. 조사해 보니 그 직원이 정보를 다른 회사에 유출시킨 사실이 확인됐다. 이 같은 업무상 침해는 법의 처벌을 받을 수 있으므로 해서는 안 되는 행동이다. 회사는 법적 절차에 따라 다음 일을 진행하기로 했다.

1 윗글을 읽고 알게 된 내용으로 알맞지 않은 것을 고르세요.

① 우리 회사는 올해 신제품을 출시하지 못했다.
② 회사를 그만둔 직원이 신제품 정보를 다른 회사에 유출했다.
③ 우리 회사는 다른 회사보다 신제품을 먼저 출시했다.
④ 한 직원이 회사의 적절하지 않은 대우를 이유로 들며 회사를 그만두었다.
⑤ 업무상 기밀 유출은 법의 처벌을 받을 수 있다.

2 윗글의 밑줄 친 부분과 관련된 속담을 고르세요.

① 마른하늘에 날벼락
② 목구멍이 포도청
③ 빛 좋은 개살구
④ 수박 겉 핥기

3 서로 비슷한 뜻을 지닌 단어끼리 묶인 것을 고르세요.

㉠ 대우 – 처우
㉡ 추진하다 – 추적하다
㉢ 지원 – 지장
㉣ 치우치다 – 기울다

① ㉠, ㉡
② ㉠, ㉣
③ ㉡, ㉢
④ ㉡, ㉣
⑤ ㉢, ㉣

오늘의 사자성어

자 승 자 박

自	繩	自	縛
스스로 자	노끈 승	스스로 자	얽을 박

자승자박은 '자기가 만든 새끼줄로 자기 스스로를 묶는다'는 뜻이에요. 자신이 내뱉은 말이나 행동이 오히려 자신에게 되돌아와서 피해를 줄 때 사용할 수 있어요. '자업자득(自業自得)'과 비슷한 뜻이며, 부정적인 상황에서 주로 쓰이죠. 여러분은 괜히 큰소리쳐서 난감한 상황에 부닥친 적이 있었나요? 한번 떠올려 보세요. "내가 다 알아서 할게."라고 해놓고 막상 알아서 하기 어려운 일을 마주한 적은 없나요? 숙제를 다 하겠다고 자신 있게 말해 놓고 까먹은 적도 있을 거예요.

말과 행동을 할 때는 항상 한 번 더 생각하고 실천하는 것이 필요해요. 내가 정말 할 수 있는 일인지, 내가 그 일을 함으로써 상대방의 기분을 상하게 하진 않을지, 내가 책임질 수 있는 일인지 꼭 먼저 생각해 보세요. '말 한마디에 천 냥 빚을 갚는다'는 속담처럼 항상 말과 행동을 주의 깊게 한다면 불가능하거나 어려운 일도 해낼 수 있을 거예요.

17

통일이 되는 행복한 상상

휴전

위문

주저

얼룩지다

분단

기적

해치다

일제히

보듬다

광경

✏️ **새롭게 알게 된 단어에 표시해 보세요.**

주저
머뭇거리며 망설임
주저하지 말고 발을 내디뎌 보세요.

휴전
전쟁하는 양측이 서로 합의하여, 전쟁을 얼마 동안 멈추는 일
우리나라는 휴전 국가예요.

위문
위로하기 위하여 안부를 묻거나 방문함
국군 장병들을 위한 위문 공연이 자주 있어요.

해치다
다치게 하거나 죽이다
전쟁은 아군이든 적군이든 모두의 생명을 해쳐요.

기적
상식으로는 생각할 수 없는 기이한 일
자고 일어났더니 기적이 일어났어요.

얼룩지다
겉부분에 얼룩이 생기다
사람들의 얼굴은 모두 감격의 눈물로 얼룩져 있었어요.

일제히
여럿이 한꺼번에
우리는 일제히 자유롭게 열린 휴전선을 넘어갔어요.

보듬다
사람이나 동물을 가슴에 붙도록 안다
우리는 서로를 보듬으며 인사를 나눴어요.

광경
벌어진 일의 형편과 모양
우리 눈앞에 놀라운 광경이 펼쳐졌죠.

분단
동강이 나게 끊어 가름
우리나라는 분단국가예요.

✔️ **단어의 뜻을 보고, 문장에 알맞은 말을 써 보세요.**

뜻 | 문장

① 머뭇거리며 망설임 → 자기 생각을 ㅈ ㅈ 없이 발표해 보세요.

② 전쟁하는 양측이 서로 합의하여, 전쟁을 얼마 동안 멈추는 일 → 두 나라는 오랜 전쟁 끝에 ㅎ ㅈ 협정을 맺었다.

③ 위로하기 위하여 안부를 묻거나 방문함 → 우리는 국군 장병에게 ㅇ ㅁ 편지를 썼다.

④ 동강이 나게 끊어 가름 → 우리나라는 남북 ㅂ ㄷ 의 아픔을 겪고 있다.

1 빈칸에 공통으로 들어갈 한 글자를 써 보세요.

- 아들이 전쟁에서 ☐ 적처럼 살아서 돌아왔다.

- 아영이는 남들과 다른 ☐ 발한 생각을 떠올렸다.

- 부모님께서 우리를 ☐ 특하다고 칭찬해 주셨다.

2 대화의 빈칸에 들어갈 알맞은 단어를 써 보세요.

철수 1948년에 우리나라는 ☐ㅂ ☐ㄷ 되었고, 전 세계는 안타까운 ☐ㄱ ☐ㄱ 을 지켜봤어.

영희 마음 아픈 일이야. 참, 너희 형이 휴전선 근처에서 경계를 서는 군인이라며?

철수 응. 나라를 지키느라 많이 힘들지만 가끔 받는 ☐ㅇ ☐ㅁ 편지로 힘을 내고 있대.

영희 나도 다음에 한번 써야겠다.

3 다음 표에 있는 단어의 비슷한 말과 반대말을 [보기]에서 찾아 써 보세요.

보기	따로, 통일, 분리, 함께

	비슷한 말	반대말
일제히		
분단		

1 밑줄 친 단어와 바꾸어 쓸 수 있는 것을 고르세요.

질문이 있으면 **주저하지** 말고 손을 드세요.

① 연장하지　　　　② 망설이지　　　　③ 토닥이지

④ 소리치지　　　　⑤ 활용하지

2 대화의 밑줄 친 단어의 뜻으로 알맞은 것을 괄호에서 골라 ○표 하세요.

현수　이산가족 상봉을 TV로 중계하는 거 봤어? 거의 70년 만에 만난 자매가 서로를 **보듬고** 눈물을 흘리는 모습이 너무 안타까웠어.

이현　나도 봤어! 이산가족들이 서로 얼마나 보고 싶었을지 생각하니 마음이 아프더라.

➡　(사람이나 동물을 가슴에 붙도록 안다 / 사람이나 동물을 독립적으로 기르다)

※ 이산가족: 남북 분단 따위의 사정으로 이리저리 흩어져서 서로 소식을 모르는 가족

3 다음 중 [보기]의 단어를 사용해 만들 수 없는 문장을 고르세요.

보기　　해치다, 얼룩지다

① 담배는 우리의 건강을 ☐.

② 지나친 게임은 우리의 정서를 ☐.

③ 매운 떡볶이를 먹었더니 혀가 ☐.

④ 천장에서 흘러내리는 물로 인해 집안의 벽지가 ☐.

[1~2] 다음 글을 읽고, 질문에 답하세요.

1950년 6월 25일 새벽에 발발한 한국 전쟁이 1953년에 휴전되며 우리나라는 남한과 북한으로 분단되었다. 전쟁으로 서로 해치는 일을 예방하기 위해 대한민국 국군은 밤낮없이 나라를 지킨다. 이들을 위해 여러 사람의 마음을 담은 위문 공연이 펼쳐지고 위문편지가 전달되기도 한다. 학교에서 아이들은 한민족이 떨어져 사는 아픔과 통일의 중요성에 대해 배운다. 그러던 어느 날 아침에 기적이 일어났다. 사람들이 일제히 환호성을 지르며 기쁜 표정으로 휴전선을 넘어가는 놀라운 광경이 펼쳐졌다. 주저하는 사람 없이 모두 선뜻 동참했다. 휴전선에서 만난 남북한 사람들의 얼굴은 눈물로 얼룩져 있었고 서로를 보듬으며 인사를 나누었다. 꿈은 아닐까 내 볼을 꼬집어 보는 순간 잠에서 깼다. 잠시라도 너무 행복했던 순간이었다. 통일이 꼭 되면 좋겠다.

1 윗글의 내용과 일치하는 것을 고르세요.

① 대한민국은 광복이 되고 나서 바로 분단이 되었다.
② 대한민국 국군은 온종일 나라를 지킨다.
③ 학교에서는 통일에 관해 따로 배우지는 않는다.
④ 휴전선 넘기를 두려워하는 사람이 매우 많았다.
⑤ 실제로 대한민국이 통일되었다.

2 윗글의 내용과 관련된 아래의 상황에 알맞은 표현을 골라 V표 하세요.

남한과 북한이 분단되어 이산가족이 생겼다. 이산가족은 평생 서로를 그리워한다.

① 가슴이 미어지다 ☐   ② 가슴이 뜨끔하다 ☐   ③ 가슴을 펴다 ☐

3 다음 상황에 사용할 수 있는 속담이 쓰인 문장을 고르세요.

이산가족 10명 중 8명은 북한에 사는 가족의 생사조차 확인하기 어렵다고 한다. 그리고 이산가족 단체 상봉 행사에 참여하는 것도 쉽지 않다.

① 이산가족 상봉은 **가는 날이 장날**이다.   ② 이산가족 상봉은 **싼 것이 비지떡**이다.
③ 이산가족 상봉은 **그물에 걸린 고기**다.   ④ 이산가족 상봉은 **하늘의 별 따기**다.
⑤ 이산가족 상봉은 **칼로 물 베기**다.

책을 읽을 때 필사를 해 봐요!

여러분은 책을 읽고 기억에 남는 문장을 공책이나 메모장에 써 본 적 있나요? 정약용은 책을 읽고 기억에 남는 문장을 모두 써서 남겼다고 해요. 책을 읽기만 하면 금방 잊어버리기 때문이죠. 필사, 즉 베끼어 쓰는 것은 좋은 문장을 기억하기 위한 효과적인 방법일 뿐만 아니라 어휘력과 올바른 문장을 익히는 데 일석이조의 효과가 있어요. 다양한 책을 읽으며 기억에 남는 문장을 따로 정리해 써 보세요. 필사하기 좋은 책으로는 동화책과 위인전이 있는데, 정해진 시간에 책을 읽고 기억하고 싶은 문장을 필사까지 하면 책 내용을 더 잘 이해할 수 있어 앞으로 책 읽기가 더욱 즐거워질 수 있어요.

공샘's 필사 공책 정리법

날짜: 0월 0일 / 날씨: 맑음

· **오늘의 문장:** 나는 이렇게 해서 내 나이 여섯 살 때 화가라는 멋있는 직업을 포기했다. 나는 내 그림 제1호와 제2호의 실패로 그만 기가 죽었다.

· **쓴 이유:** 어린 왕자가 꿈을 포기해서 마음이 아팠다. 나도 8살 때 열심히 그린 그림이 주목받지 못한 경험이 있기 때문이다.

이 활동을 하면 내가 평소에 가지고 있는 관심사와 생각을 파악하는 데도 도움이 돼요. 나도 잘 모르는 내 생각과 감정이 자연스럽게 드러나는 필사! 꼭 해 보길 바랄게요.

18

우리 가족 김치 담그는 날

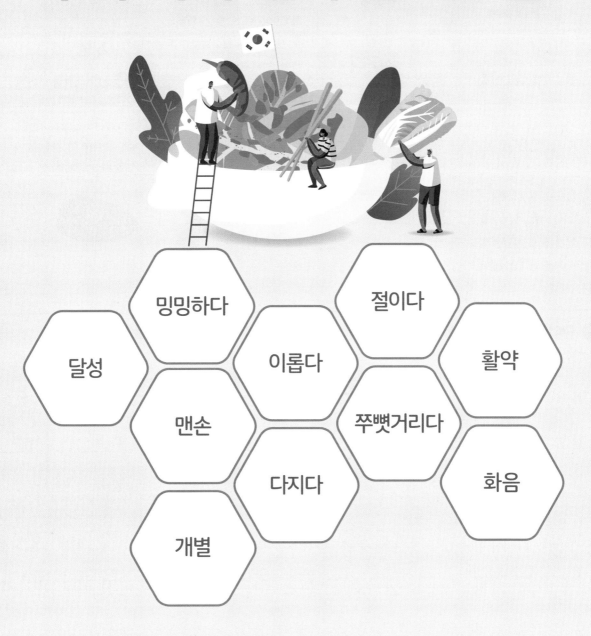

밍밍하다

절이다

달성

이롭다

활약

맨손

쭈뼛거리다

다지다

화음

개별

✏️ 새롭게 알게 된 단어에 표시해 보세요.

달성

목적한 것을 이룸

우리 가족은
오늘의 목표를
달성했어요.

밍밍하다

음식 등이 제맛이 나지 않고
몹시 싱겁다

김치가 밍밍해서
더 익어야
할 것 같네요.

이롭다

이익이 있다

김치는 건강에
이로운 음식이죠.

화음

높이가 다른 둘 이상의 음이
함께 어울려서 나는 소리

나와 동생은
화음을 넣어
노래를 불렀어요.

활약

활발히 활동함

막내의 눈부신
활약으로 일이
금방 끝났어요.

쭈뼛거리다

어줍거나 부끄러워서
자꾸 머뭇거리거나 주저주저하다

동생이 쭈뼛거리며
가족들 눈치를
보고 있어요.

절이다

채소나 생선 등을 소금기나 식초
등에 담가 간이 배게 하다

엄마는 먼저 배추를
소금에 절였어요.

개별

여럿 중에서 하나씩 따로
나뉘어 있는 상태

엄마는 새 김치를
개별 포장해 주변에
나누어 주셨어요.

다지다

고기, 채소 등을 여러 번 칼질하여
잘게 만들다

엄마가 마늘을
잘게 다졌어요.

맨손

아무것도 끼거나 감지 않은 손

동생이
맨손으로 김치를
집어 먹었죠.

✅ 단어와 뜻이 올바르게 연결될 수 있도록 중간에 선을 그어 사다리를 만들어 보세요.

개별	달성	활약	화음
여럿 중에서 하나씩 따로 나뉘어 있는 상태	활발히 활동함	높이가 다른 둘 이상의 음이 함께 어울려서 나는 소리	목적한 것을 이룸

1 다음 상황에 관련된 단어를 [보기]에서 골라 써 보세요.

> 보기   절이다, 쭈뼛거리다, 이롭다

① 배추 사이에 소금을 뿌리다.

② 운동을 열심히 하면 건강이 좋아진다.

③ 친구와 놀고 싶은데 머뭇거리며 말을 걸지 못하고 있다.

2 빈칸에 공통으로 들어갈 한 글자를 써 보세요.

- 철수의 눈부신 [ ] 약으로 우리 팀이 축구 시합에서 승리했다.

- 우리 언니는 쾌 [ ] 한 성격이라 인기가 많다.

- 나는 배운 공식을 [ ] 용해 어려워 보이는 수학 문제를 풀었다.

3 밑줄 친 단어의 뜻을 [보기]에서 찾아 기호를 써 보세요.

> 보기
> ㉠ 고기, 채소 등을 여러 번 칼질하여 잘게 만들다
> ㉡ 기초나 터전 등을 굳고 튼튼하게 하다

① 엄마는 점심으로 채소를 **다져서** 볶음밥을 만들었다.

② 모든 과목은 기초를 잘 **다져야** 높은 성적을 받을 수 있다.

1 밑줄 친 단어와 바꾸어 쓸 수 <u>없는</u> 것을 골라 ○표 하세요.

국이 **밍밍할** 때는 소금을 넣어 간을 맞춘다.

➡ 시시할 / 싱거울 / 밋밋할 / 담백할

2 대화의 빈칸에 공통으로 들어갈 단어를 찾아 √표 하세요.

이환 안녕! 오랜만에 만나는데 _____(으)로 올 수 없어서 선물 하나 사 왔어.

이현 고무장갑이네? 고마워. 안 그래도 _____(으)로 설거지를 해서 손이 거칠어졌거든.

이환 네가 좋아하는 모습을 보니 기분이 좋네.

	맨발		맨손		맨입		맨눈

❖어휘 꿀팁

'맨'은 뒤에 있는 말과 붙여서 하나의 단어가 되거나 띄어 써서 다른 뜻을 나타내요.

1) 붙여 써서 한 단어로 쓸 때: '다른 것이 없는'의 뜻이에요. 예) 맨몸, 맨땅

2) 띄어 쓸 때: ① '더 할 수 없을 정도나 경지에 있음'을 의미해요. 예) 맨 처음, 맨 먼저

② '다른 것은 섞이지 않고 온통'이라는 뜻이에요. 예) 이 방에는 맨 장난감뿐이다.

3 빈칸에 들어갈 단어가 바르게 짝지어진 것을 고르세요.

• 나는 친구들에게 줄 선물을 하나씩 _____ ㉠ _____ 포장했다.

• 신랑 신부의 친구들이 축가로 하객들에게 _____ ㉡ _____ 을 들려주었다.

• 목표를 _____ ㉢ _____ 하려면 끝없이 노력해야 한다.

	㉠	㉡	㉢
①	결별	화음	미달
②	결별	소음	달성
③	개별	화음	미달
④	개별	소음	달성
⑤	개별	화음	달성

[1~2] 다음 글을 읽고, 질문에 답하세요.

> 오늘 우리 가족의 목표는 김치 20포기 담그기다. 아빠는 마늘을 잘게 다져 양념과 섞었고, 나는 어젯밤 소금에 절인 배추를 엄마가 있는 곳으로 나르기 시작했다. 막내도 참여하고 싶은지 옆에서 쭈뼛거렸다. 막내가 양념을 필요한 만큼 엄마에게 건네주는 활약을 해서 목표를 쉽게 달성할 수 있었다. 나는 절인 배추에 속을 넣는 엄마 옆에 있다가 맛있어 보이는 김치를 맨손으로 집어 먹었다. 하지만 아직 익지 않은 거라서 김치 맛이 밍밍했다. 엄마는 건강에 이로운 김치를 주변에 나누어 주기 위해 개별 포장을 하셨다. 포장까지 모두 끝나자 부모님은 맛있는 수육을 해주시겠다고 하셨다. 나와 동생은 기쁜 마음을 화음을 넣은 노래로 표현했다.

1 아래에서 설명하는 단어를 윗글에서 찾아 써 보세요.

- • '목적한 것을 이룸'이라는 뜻이에요.
- • 뜻이 비슷한 단어로 '완수'가 있어요.

☐ ☐

2 윗글에 관련된 대화의 빈칸에 공통으로 들어갈 말에 V표 하세요.

형   김치 담그느라 땀을 ＿＿＿＿＿＿ 오듯이 흘렸어.

동생   나도야. ＿＿＿＿＿가 오나 눈이 오나 이렇게 많은 김치를 담그시는 부모님이 대단하셔.

형   그러게 말이야. 그리고 힘들게 담근 김치를 매번 주변에 나누어 주시잖아.

☐ 비   ☐ 깨   ☐ 서리   ☐ 안개

3 다음 중 밑줄 친 표현이 올바르지 **않은** 것을 골라 V표 하세요.

① 막내도 참여하고 싶어 **몸이 근질근질**했구나?   ☐

② 부모님께서는 **입에 거미줄 치는** 사람들에게 김치를 나누어 주셨다.   ☐

③ 주변에 음식을 나누어 주면 우리 **배를 불릴 수 있다.**   ☐

가로세로 낱말 퀴즈 '목'이 들어가는 낱말

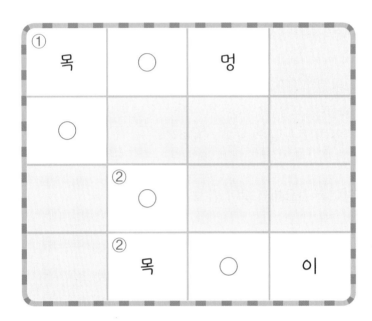

가로 →
① 물이나 음식 등이 통과하는 입 안의 깊숙한 곳
⑩ 생선을 먹다가 목○멍에 가시가 걸린 것 같다.
② 귀금속이나 보석으로 된 목에 거는 장신구
⑩ 엄마 생일 선물로 목○이를 선물했다.

세로 ↓
① 머리를 감으며 온몸을 씻는 일
⑩ 3일 만에 목○을 하니 기분이 좋다.
② 관심을 가지고 주의하여 보거나 살핌
⑩ 화려한 옷은 어디서나 ○목을 받는다.

옷을 세탁했어요!

유용

소재

벗기다

방수

노폐물

유지

한참

건조

축축하다

주름

✏️ 새롭게 알게 된 단어에 표시해 보세요.

유용

쓸모가 있음

이 제품은 우리 생활에 유용해요.

소재

어떤 것을 만드는 데 바탕이 되는 재료

옷은 소재별로 세탁 방법이 달라요.

방수

스며들거나 새거나 넘쳐흐르는 물을 막음

방수 제품은 세탁기에 넣지 않는 게 좋아요.

한참

시간이 상당히 지나는 동안

세탁기를 돌리고 나서 한참 지난 후 세탁이 끝났어요.

벗기다

몸에 착용한 물건을 몸에서 떼어 내게 하다

더러워진 아기 옷을 벗긴 후 세탁기에 넣었어요.

노폐물

땀, 오줌 등에 섞여 몸 밖으로 배출되는 불필요한 찌꺼기

이건 노폐물 제거에 탁월한 효과가 있다고 해요.

건조

말라서 물기나 습기가 없음

나는 세탁이 끝난 빨래를 건조대에 널었어요.

축축하다

물기가 있어 젖은 듯하다

세탁 마지막에 탈수를 하지 않으면 옷이 너무 축축해요.

유지

어떤 상태나 상황을 그대로 보존하거나 변함없이 계속하여 지탱함

새 옷을 오래 유지하려면 손빨래하는 게 좋아요.

주름

종이나 옷감 등의 구김살

빨래를 널 때 털지 않고 그대로 널면 주름이 생겨요.

※ 탈수: 어떤 물체 안에 들어 있는 물기를 뺌

✔️ 그림을 보고 [보기]에서 알맞은 단어를 골라 빈칸에 써 보세요.

보기	벗기다, 방수, 건조, 주름

①

②

③

④

-------------------   -------------------   -------------------   -------------------

1 밑줄 친 말과 바꾸어 쓸 수 있는 단어를 골라 ○표 하세요.

우리 부모님은 꾸준한 운동으로

건강을 **유지**하신다.

갱신

경신

관리

비가 내려서 내 방 벽지가 **축축하다.**

소소하다

눅눅하다

싹싹하다

2 빈칸에 알맞지 <u>않은</u> 단어를 골라 ∨표 하세요.

① 옷을 자주 빨았더니 _____ (이)가 생겼다.

[ ] 주름　　[ ] 구김　　[ ] 주거　　[ ] 구김새

② 친구가 떠나는 뒷모습을 _____ 바라보았다.

[ ] 한층　　[ ] 오랫동안　　[ ] 한동안　　[ ] 한참

3 빈칸에 알맞은 단어를 넣어 문장을 완성해 보세요.

① 지붕에 | ㅂ | ㅅ | 처리를 했더니 비가 와도 새지 않는다.

② 아이를 씻기기 위해 엄마가 아이 옷을 | ㅂ | ㄱ | ㄷ |.

1 다음 중 빈칸에 '유용'을 쓸 수 <u>없는</u> 문장을 고르세요.

① 나에게는 필요 없는 물건이라도 다른 사람은 _____하게 쓸 수 있다.

② 최근에는 남자들도 _____에 신경을 많이 쓴다.

③ 수학 공부할 때는 오답 노트가 _____하다.

④ 우리가 함께 모은 돈을 철수가 개인 물건을 사는 데 _____했다.

2 밑줄 친 단어의 뜻을 [보기]에서 찾아 기호를 써 보세요.

보기	㉠ 어떤 것을 만드는 데 바탕이 되는 재료 ㉡ 글의 내용이 되는 재료 ㉢ 주요 건물이나 기관 등이 자리 잡고 있는 곳

① 이번 책의 **소재**는 친구와의 우정이다. ☐

② 서울대학교는 서울에 **소재**한다. ☐

③ 이 옷은 좋은 **소재**로 만들어졌다. ☐

3 밑줄 친 단어의 뜻에 맞는 말을 괄호에서 골라 ○표 하세요.

① **방수**되는 옷을 입으면 비가 와도 걱정 없다.

➡ (스며들거나 새거나 넘쳐흐르는 물을 막음 / 쓸모가 있음)

② 나는 세탁기에서 세탁이 다 된 빨래를 꺼내 **건조**대에 널었다.

➡ (물기가 있어 젖은 듯함 / 말라서 물기나 습기가 없음)

[1~2] 다음 글을 읽고, 질문에 답하세요.

> 세탁기는 우리 생활에 유용합니다. 직접 손으로 빨지 않아도 세탁기가 옷을 깨끗히 세척해 줍니다. 얼룩이 묻은 아기 옷을 벗겨서 세탁기에 넣고 작동시켜 보세요. 시간이 한참 지난 후 세탁이 다 된 깨끗한 옷을 확인할 수 있습니다. 하지만 모든 옷을 세탁기를 이용해 빨 수는 없습니다. 옷은 소재별로 세탁 방법이 다르니까 세탁 전에 세탁기에 넣어도 되는 제품인지를 먼저 확인해 보세요. 방수 제품은 일반적으로 세탁기에 넣지 않는 게 좋습니다. 세탁 기능 중 최고는 탈수 기능이죠. 이게 없다면 옷이 축축한 상태로 있어 마르는 데 오래 걸릴 겁니다. 탈수가 끝난 빨래를 꺼내 건조대에 널 때는 탈탈 털어서 널어 보세요. 꺼낸 그대로 널면 주름이 생길 수 있습니다. 세탁기는 편리하기는 하지만 아끼는 옷이 있다면 손빨래를 하는 것이 옷을 더 오랫동안 새옷처럼 유지하는 방법이라는 것도 기억해 두기를 바랍니다.

1 윗글의 중심 내용에 맞게 빈칸에 들어갈 알맞은 단어를 써 보세요.

우리 생활에 | ㅇ | ㅇ | 한 세탁기

2 윗글에 관한 다음 문장의 뜻을 지닌 사자성어를 고르세요.

> 세탁기는 생활을 편리하게 해 주는 장점도 있지만 아끼는 옷이 상할 수 있는 단점도 있다.

① 일장일단   ② 임시방편   ③ 일확천금   ④ 작심삼일

3 대화의 흐름상 빈칸에 알맞은 표현을 고르세요.

철수 엄마, 이 세탁기 돌아가는 게 진짜 신기해요.
엄마 그러니? 이 세탁기가 있으니까 빨래가 많아도 걱정이 안 된다.
철수 그렇다고 매일 _____ 세탁기를 돌리면 물이 낭비된대요.
엄마 그래서 빨래를 모았다가 한꺼번에 하고 있지.

① 밥 먹듯이   ② 죽도 밥도 안 되게   ③ 찬밥 더운밥 가리며   ④ 밥 구경을 하며

오늘의 사자성어

이 구 동 성

異 口 同 聲

다를 이   입 구   한가지 동   소리 성

이구동성은 '입은 다르지만 내는 소리는 똑같다'는 뜻이에요. 즉, 의견을 내거나 결정을 할 때 여러 사람이 동의한다는 뜻이죠. "선생님의 질문에 학생들은 이구동성으로 대답했다.", "마을 사람 모두 철수를 이구동성으로 칭찬했다."처럼 활용할 수 있어요. 내가 낸 의견에 가족과 친구들 모두 같은 의견이면 얼마나 기쁠까요? '이거 하자', '이거 먹자'가 한 번에 결정되는 것, 상상만 해도 기쁘지 않나요?

이구동성을 활용한 게임도 있으니 한번 해 보세요. 우선, A팀과 B팀으로 4명씩 팀을 나눠요. 그리고 A팀에서 각 팀원에게 주어진 각기 다른 글자를 모두 동시에 외치는 거예요. 만약 제시어가 '해리포터'라면 1번은 '해', 2번은 '리', 3번은 '포', 4번은 '터'를 동시에 말하는 거죠. B팀은 그걸 듣고 어떤 단어인지 맞추는 게임이에요. 서로 역할을 번갈아가며 게임할 수 있어요. 여러 명이 모여 함께 해 보면 재미있겠죠?

지진이 발생했어요

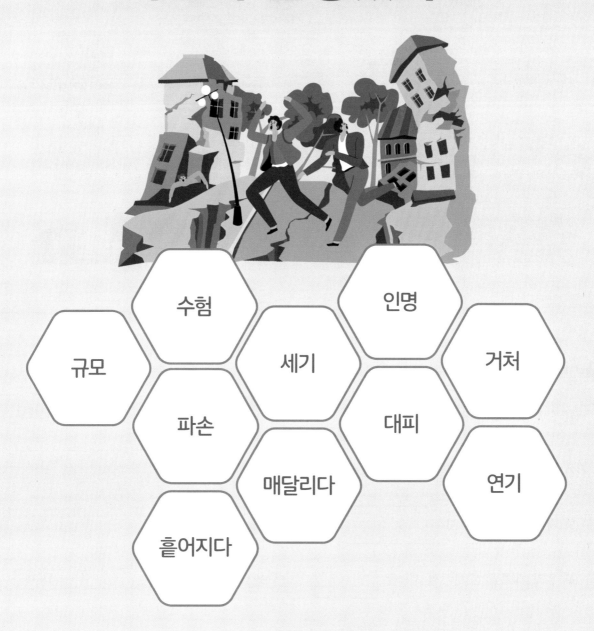

수험

인명

규모

세기

거처

파손

대피

매달리다

연기

흩어지다

✏️ 새롭게 알게 된 단어에 표시해 보세요.

수험

시험을 치름

고3 수험생들은 대학 수학 능력 시험을 봐요.

거처

일정하게 자리를 잡고 사는 일. 또는 그 장소

지진 피해를 본 사람들은 임시 거처에서 생활해야 했죠.

세기

백 년을 단위로 하는 기간

이번이 지난 몇 세기를 통틀어 가장 센 지진이에요.

연기

정해진 때를 뒤로 물려서 늘림

지진으로 대학 수학 능력 시험이 일주일 뒤로 연기됐어요.

인명

사람의 목숨

이번 지진으로 큰 인명 피해가 발생했어요.

흩어지다

한데 모였던 것이 따로따로 떨어지거나 사방으로 퍼지다

대피할 때 흩어지지 말고 차례를 지키며 이동하세요.

대피

위험이나 피해를 입지 않도록 일시적으로 피함

재난 상황에서는 대피 방송을 잘 듣고 행동해야 해요.

규모

사물이나 현상의 크기나 범위

경주에서 규모 5.8의 지진이 발생했어요.

매달리다

줄, 끈, 실 등에 잡아매여서 달리다

진동으로 인해 벽에 매달려 있던 물건들이 떨어졌어요.

파손

깨어져 못 쓰게 됨

지진으로 많은 물건이 파손됐어요.

✅ 빈칸에 들어갈 단어로 알맞은 것을 찾아 연결해 보세요.

① 전염병으로 인해 개학이 [ ][ ]되었다.　　　　　　　　•　　　•　규모

② 우리 학교는 [ ][ ]가 굉장히 크다.　　　　　　　　•　　　•　거처

③ 지진이 발생하면 모두 [ ][ ]해야 된다.　　　　　　　•　　　•　연기

④ 우리 가족은 도시에서 시골로 [ ][ ]를 옮겼다.　　　•　　　•　대피

1 뜻에 알맞은 단어를 찾아 선으로 연결하고 빈칸에 써 보세요.

매	상	훈	매	별
수	매	달	리	다
험	돌	수	편	식
훼	라	파	표	달
손	들	손	시	한

① ☐ ☐ ☐ ☐ : 줄, 끈, 실 등에 잡아매여서 달리다

② ☐ ☐ : 시험을 치름

③ ☐ ☐ : 깨어져 못 쓰게 됨

2 문장이 완성되도록 괄호 안에서 알맞은 단어를 고르세요.

① 자연재해로 매년 많은 (인명 / 숙명) 피해가 발생한다.

② 화재가 발생해 학생들 모두 비상구를 따라 (대피 / 박대)했다.

③ 이번 쓰나미는 우리나라에서 21(세습 / 세기)에 발생한 첫 재난이다.

※ 쓰나미: 지진 때문에 바다 아래에서 지각 변동이 생겨서 일어나는 해일

3 밑줄 친 단어와 바꾸어 쓸 수 없는 것을 골라 ○표 하세요.

직업 군인은 근무지에 따라 **거처**를 옮긴다.

➡ 거주지 / 처소 / 주거 / 재주

1 다음 설명에 알맞은 단어를 고르세요.

- 한데 모였던 것이 따로따로 떨어지거나 사방으로 퍼질 때 사용하는 단어예요.
- 비슷한 말로 '퍼지다'가 있고, 반대말로 '모이다'가 있어요.
- '뭉치면 살고 ☐☐☐☐ 죽는다'는 표현도 있어요.

① 흐릿하다   ② 흐물거리다

③ 흩어지다   ④ 흐드러지다

2 밑줄 친 단어의 뜻을 [보기]에서 찾아 기호를 써 보세요.

> **보기**
> ㉠ 사물이나 현상의 크기나 범위
> ㉡ 씀씀이의 계획성 또는 일정한 한도

① 돈을 함부로 쓰지 않고 **규모** 있게 쓰는 게 어때?   ☐

② 이번에 전국 최대 **규모**의 콘서트가 부산에서 열렸다.   ☐

③ 우리 집 옆에 만 평 **규모**의 체육 시설이 생긴다.   ☐

3 밑줄 친 부분과 바꾸어 쓸 수 있는 말을 [보기]에서 찾아 문장을 다시 써 보세요.

> **보기**   예방, 예매, 예습, 유예

수학 시험이 일주일 **연기**되어 나는 너무 기쁘다.

➡

[1~2] 다음 글을 읽고, 질문에 답하세요.

몇 년 전, 대한민국에 지난 몇 세기를 통틀어 가장 센 지진이 발생했다. 경주에서 규모 5.8의 지진이 발생해 벽에 매달려 있던 물건들이 떨어져 파손됐고, 많은 사람이 다치는 인명 피해도 발생했다. 지진이 발생하자 사람들은 건물 밖으로 대피했고, 이 재난으로 삶의 터전을 잃은 사람들은 임시 거처에서 일주일 넘게 생활했다. 대입 수험생들이 응시하는 대학 수학 능력 시험은 여진을 우려해서 일주일 연기되었다. 이처럼 우리 생활에 큰 피해를 입히는 지진이 우리가 학교에 있을 때 발생한다면 우리는 어떻게 해야 할까? 뿔뿔이 흩어지지 말고 땅이 흔들릴 때는 책상 밑에서 대기하고 흔들림이 멈추면 책가방이나 푹신한 것으로 머리를 가린 후 질서를 지켜 운동장으로 대피해야 한다. 만약 건물이 붕괴되어 갇히더라도 희망을 버리지 말아야 한다. 실제로 매몰된 지 15일 만에 구조된 사례도 있다. 따라서 물과 음식을 찾아 먹으며 체온 유지에 힘써 구조를 기다려야 한다.

※ 여진: 큰 지진이 일어난 다음에 얼마 동안 잇따라 일어나는 작은 지진

1 윗글을 읽고 알게 된 내용으로 알맞은 <u>않은</u> 것을 고르세요.

① 경주에서 지진이 발생해 많은 사람이 부상을 입었다.
② 지진으로 인해 대학 수학 능력 시험이 일주일 늦춰졌다.
③ 지진이 발생하면 건물 밖으로 나가야 한다.
④ 학교에서 지진이 발생하면 개별 행동을 하지 않아야 한다.
⑤ 지진으로 땅이 흔들릴 때 재빠르게 운동장으로 이동해야 한다.

2 윗글의 밑줄 친 부분과 관련된 속담을 고르세요.

① 핑계 없는 무덤이 없다
② 호랑이도 제 말 하면 온다
③ 윗물이 맑아야 아랫물도 맑다
④ 하늘이 무너져도 솟아날 구멍이 있다

3 서로 비슷한 뜻을 지닌 단어끼리 묶인 것을 고르세요.

㉠ 수험 – 수락   ㉡ 파손 – 손상   ㉢ 대피 – 피난   ㉣ 규모 – 규칙

① ㉠, ㉡   ② ㉠, ㉣   ③ ㉡, ㉢
④ ㉡, ㉣   ⑤ ㉢, ㉣

매일 글쓰기의 힘!

　여러분은 글쓰기를 좋아하나요? 글쓰기보다는 축구, 게임, 스마트폰이 더 재미있나요? 아마 대부분 그럴 거예요. 하지만 학년이 올라갈수록 수업 시간에 배운 내용을 정리하기 위해 글씨를 써야 할 부분이 점점 늘어나고 숙제로도 써야 할 것들이 많아지죠. 주제를 보고 내용을 떠올리기도 힘든데 한 문장이 아니라 단락으로 된 글을 쓰라고 하니 더욱 어렵게만 느껴질 거예요. '천 리 길도 한 걸음부터'라는 속담이 있어요. 매일 5분에서 10분 정도 글을 써 보는 연습을 해 보세요. 일주일만 지나면 거짓말처럼 글쓰기가 쉬워지고 일주일만 더 쓰다 보면 글쓰기가 재미있어질 거예요. 그렇게 한 달을 쓰다 보면 10줄 글, 20줄 글도 쉽게 쓸 수 있게 될 겁니다.

　그러면 "어떻게 쓰면 돼요?"라는 질문을 할 수 있겠죠. 정해진 방법은 없어요. 자기가 쓰고 싶은 내용을 자기 마음대로 쓰면 돼요. 간단하죠?! 어떤 내용이든 생각나는 대로 여러분의 생각을 풀어내 보세요. 공책을 한 권 정해서 제목을 써 보세요. 〈OO이의 글쓰기 공책〉이라고 쓴 다음 일기 쓰듯이 매일 자기가 이야기하고 싶은 주제를 가지고 재미있는 글쓰기 여행을 떠나 보세요. 이렇게 하다 보면 학교에서 하는 글쓰기와 발표에도 더 큰 자신감이 생길 거예요.

정답과 해설

[어휘와 만나기]

① 중얼거리다   ② 끼어들다   ③ 잡다   ④ 광고

[어휘와 친해지기]

1. 홍보, 예보
   ▶ 홍보: 널리 알림
   선거: 일정한 조직이나 집단이 대표자나 임원을 뽑는 일
   예매: 물건을 받기 전에 미리 값을 치르고 사 둠
   예보: 앞으로 일어날 일을 미리 알림

2. ① 기특해서   ② 어슬렁거리는
   ▶ 기특하다: 말하는 것이나 행동하는 것이 신기할 정도로 묘
   해서 귀염성이 있다
   어슬렁거리다: 몸집이 큰 사람이나 짐승이 몸을 조금 흔들
   며 계속 천천히 걸어 다니다

3. ① 뗐다[뗀다]   ② 대꾸

[어휘 공부하기]

1. ④
   ▶ ④에는 '놓았다'가 적절합니다. '놓다'는 치료를 위하여 주
   사나 침을 찌를 때도 쓰이는 단어입니다.
   ①에 쓰인 '잡다'는 '사람이 어떤 자세를 다른 사람 앞에서
   취하다'라는 뜻으로 쓰였고, ③에 쓰인 '잡다'는 '자동차 따
   위를 타기 위하여 세우다'라는 뜻으로 쓰였습니다.

2. ① ㉠   ② ㉡

3. ① 내용을 진전시켜 펴 나감
   ② 남의 약한 점을 따뜻이 어루만져 감싸고 달래며

[어휘 확장하기]

1. 끼어

2. ①
   ▶ 유일무이(唯一無二): 오직 하나뿐이고 둘도 없음
   자문자답(自問自答): 스스로 묻고 스스로 대답함
   청산유수(靑山流水): 말을 막힘없이 잘함
   명명백백(明明白白): 의심할 여지가 없이 뚜렷함

3. ④
   ▶ 발을 끊다: 오가지 않거나 관계를 끊다
   눈 깜짝할 사이: 매우 짧은 순간
   손이 맵다: 손으로 슬쩍 때려도 몹시 아프다
   귀에 못이 박히다: 같은 말을 너무 여러 번 듣다

[어휘와 만나기]

① 어색   ② 뽐냈다   ③ 주위   ④ 뽑혔다

[어휘와 친해지기]

1. ① 고꾸라지다   ② 토닥이다   ③ 펼치다

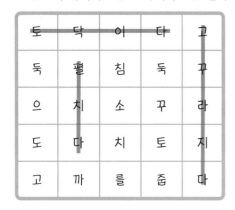

토	닥	이	다	고
둑	펼	침	둑	꾸
으	치	소	꾸	라
도	다	치	토	지
고	까	를	줍	다

2. ① 드르륵   ② 울상   ③ 주위
   ▶ 두리번: 눈을 크게 뜨고 여기저기를 자꾸 휘둘러 살펴봄
   명상: 고요히 눈을 감고 깊이 생각함
   소위: 세상에서 말하는 바

3. 동원됐다
   ▶ 당선되다: 선거에서 뽑히게 되다
   동원되다: 어떤 목적이 달성되도록 사람이 모아지거나 물
   건, 수단, 방법 따위가 집중되다
   선출되다: 여럿 가운데서 골라지다
   선발되다: 많은 가운데서 골라져 뽑히다

[어휘 공부하기]

1. ③
   ▶ 퍼뜨리다: 널리 퍼지게 하다
   떠벌리다: 이야기를 과장하여 늘어놓다

2. ① ㄷ   ② ㄴ   ③ ㄱ

3. 처음 만나 낯설고 부끄러웠지만 우리는 금방 친구
   가 되었다.
   ▶ 무료하다: 흥미 있는 일이 없어 심심하고 지루하다
   따분하다: 재미가 없어 지루하고 답답하다
   곤란하다: 사정이 몹시 딱하고 어렵다

[어휘 확장하기]

1. ②
   ▶ 세 번째 문장에 글쓴이는 하고 싶지 않았는데 투표 결과로
   주인공이 되었다고 나와 있습니다.

2. ②
   ▶ 밑 빠진 독에 물 붓기: 힘이나 비용을 아무리 들여도 보람
   이 없음
   울며 겨자 먹기: 하기 싫은 일을 억지로 마지못하여 함
   벼룩의 간 내먹기: 가진 것이 없는 사람에게서 무언가를 빼
   앗다
   식은 죽 먹기: 거리낌 없이 아주 쉽게 예사로 하는 모양

3. ②
   ▶ 사색: 어떤 것에 대하여 깊이 생각하고 이치를 따짐

[어휘와 만나기]

① 눈짓   ② 참견   ③ 후끈   ④ 자꾸

[어휘와 친해지기]

1. 격
   ▶ 엄격: 말, 태도, 규칙 등이 매우 엄하고 철저함

2. 눈짓, 재촉

3.

	비슷한 말	반대말
얄밉다	가증스럽다	사랑스럽다
가르다	나누다	모으다

   ▶ 가증스럽다: 몹시 괘씸하고 얄밉다

[어휘 공부하기]

1. ⑤
   ▶ 접속: 서로 맞대어 이음
   수선: 낡거나 헌 물건을 고침
   보수: 건물이나 시설 따위의 낡거나 부서진 것을 손보아 고침
   관여: 어떤 일에 관계하여 참여함

2. 갑자기 고조되는 모양

3. ④
   ▶ ④에는 '정말'을 쓰는 것이 적절합니다.
   ①에는 '자꾸', ②에는 '그대로', ③에는 '택했다'가 오는 것이 알맞습니다.

[어휘 확장하기]

1. ③
   ▶ 유환이가 자기 차례가 아닌데 답을 알려 준 것 때문에 기철이와 실랑이를 벌였다고 나와 있습니다.

2. ③
   ▶ 시치미를 떼다: 자기가 하고도 아니 한 체하거나 알고 있으면서도 모르는 체하다
   손에 땀을 쥐다: 아슬아슬하여 마음이 조마조마하도록 몹시 애달다
   발 디딜 틈이 없다: 사람이 매우 많이 모여서 복작거리어 혼잡스럽다

3. ③
   ▶ 바늘 가는 데 실 간다: 사람의 긴밀한 관계를 비유
   미운 놈 떡 하나 더 준다: 미운 사람일수록 잘해 주고 감정을 쌓지 않아야 한다
   믿는 도끼에 발등 찍힌다: 잘되리라고 믿고 있던 일이 어긋나거나 믿고 있던 사람이 배반하여 오히려 해를 입다
   발 없는 말이 천 리 간다: 말은 발이 없어도 천 리 밖까지도 퍼진다(말을 삼가하자)

4. 배가 너무 고파요!　29~33쪽

[어휘와 만나기]

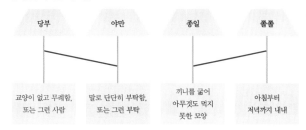

당부	야만	종일	풀풀
교양이 없고 무례함, 또는 그런 사람	말로 단단히 부탁함, 또는 그런 부탁	끼니를 굶어 아무것도 먹지 못한 모양	아침부터 저녁까지 내내

(사다리 선은 예시 답안입니다.)

[어휘와 친해지기]

1. ① 헤치다 　② 메스껍다 　③ 다그치다

2. 해 ▶ 해산: 모였던 사람이 흩어짐

3. ① ㉠ 　② ㉡

[어휘 공부하기]

1. 인출했다
   ▶ 인출하다: 예금 따위를 찾다
   마음먹다: 무엇을 하겠다는 생각을 하다

2. 쫄쫄
   ▶ 별별: 보통과 다른 갖가지의
   톡톡: 작은 것이 자꾸 튀거나 터지는 소리
   뚜뚜: 고동이나 기적, 나팔 따위가 잇따라 울리는 소리

3. ②
   ▶ 당연: 일의 앞뒤 사정을 놓고 볼 때 마땅히 그러함. 또는 그런 일
   잠시: 짧은 시간에

[어휘 확장하기]

1. 야만

2. ③
   ▶ 가슴이 뜨끔하다: 자극을 받아 마음이 깜짝 놀라거나 양심의 가책을 받다
   미역국을 먹다: 시험에서 떨어지다

3. 말
   ▶ 말도 안 되다: 실현 가능성이 없거나 이치에 맞지 않다
   말을 떼다: 말을 하기 시작하다

5. 보물찾기 대작전　35~39쪽

[어휘와 만나기]

① 견디다 　② 상하다 　③ 말리다 　④ 공감

[어휘와 친해지기]

1. 동조, 요건
   ▶ 동조: 남의 주장에 자기의 의견을 일치시키거나 보조를 맞춤
   동안: 나이든 사람이 지니고 있는 어린아이 같은 얼굴
   초조: 애가 타서 조마조마함
   안건: 토의하거나 조사하여야 할 사실
   요건: 필요한 조건
   요새: 차지하거나 달하기 어렵게 되어 있는 대상이나 목표

2. ① 간섭하고 　② 꼼꼼하다
   ▶ 간섭하다: 직접 관계가 없는 남의 일에 부당하게 참견하다
   꼼꼼하다: 빈틈이 없이 차분하고 조심스럽다

3. ① 낯선 　② 움찔

[어휘 공부하기]

1. ④
   ▶ ④에는 '닮다'가 적절합니다. '닮다'는 '사람 또는 사물이 서로 비슷한 생김새나 성질을 지니다'라는 뜻입니다.
   ②번에 쓰인 '담다'는 '어떤 내용이나 사상을 그림, 글, 말 등에 포함하거나 반영하다'라는 뜻으로 쓰였습니다.

2. ① ㉡ 　② ㉠

3. ① 근심, 슬픔, 노여움 등으로 마음이 언짢아지다
   ② 맨 처음 또는 최저의 등급이나 단계

[어휘 확장하기]

1. 요소

2. ③
   ▶ 청소년 단체에서 정글에서 길 찾기 초급 과정을 이수한 아이는 철수라고 나와 있습니다.

3. ③
   ▶ 바가지 쓰다: 요금이나 물건값을 실제 가격보다 비싸게 지불해 억울한 손해를 보다
   눈에 흙이 들어가기 전에는 안 되다: (사람이) 죽어서 땅

에 묻히기 전에는 안 되다의 의미로, 절대로 허락할 수 없
는 일을 비유

김칫국부터 마신다: 해 줄 사람은 생각지도 않는데 미리부
터 다 된 일로 알고 행동한다

오지랖이 넓다: 쓸데없이 지나치게 아무 일에나 참견하는
면이 있다

6. 농산물 직거래 현장! 41~45쪽

[어휘와 만나기]

① 손해 ② 이익 ③ 하필 ④ 신용

[어휘와 친해지기]

1. ① 산더미 ② 피땀 ③ 원칙

산	하	미	우	천
두	피	땀	산	미
여	비	솔	더	소
빚	더	폰	미	딱
땀	한	뚜	원	칙

2. ① 흥정 ② 신용 ③ 하필
   ▶ 흥행: 공연 상영 등이 상업적으로 큰 수익을 거둠
   신중: 매우 조심스러움
   대필: 남을 대신하여 글씨나 글을 씀

3. 꾸지람
   ▶ 언쟁, 입씨름, 말다툼: 말로 옳고 그름을 가리는 다툼
   실랑이: 서로 자기주장을 고집하며 옥신각신하는 일
   꾸지람: 아랫사람의 잘못을 꾸짖는 말

[어휘 공부하기]

1. ④
   ▶ 이의: 다른 의견이나 의사

2. ① ㉡ ② ㉠ ③ ㉠

3. 우리 식당 옆에 새로 가게가 생겨서 큰 <u>피해</u>를 보
   았다.
   ▶ 비난: 남의 잘못이나 결점을 책잡아서 나쁘게 말함
   소란: 시끄럽고 어수선함
   실속: 군더더기 없는 알맹이가 되는 내용

[어휘 확장하기]

1. ②

▶ 처음 본 사람이 신용 거래를 해 달라서 난처했다고 했습니다. 물건값을 깎아 주기는 했지만 외상을 주었다는 내용은 없습니다.

외상: 값은 나중에 치르기로 하고 물건을 사거나 파는 일

시비: 옳고 그름을 따지는 말다툼

2. ③

▶ 옥에 티: 나무랄 데 없이 훌륭하거나 좋은 것에 있는 사소한 흠

울며 겨자 먹기: 싫은 일을 억지로 마지못하여 함

약방의 감초: 어떤 일에나 빠짐없이 끼어드는 사람 또는 꼭 있어야 하는 물건

하늘의 별 따기: 무엇을 얻거나 성취하기가 매우 어려운 경우

3. ①

▶ 지분: 두 사람 이상이 공동으로 가지고 있는 물건이나 재산 등에서 각자가 가지고 있는 몫

[어휘와 만나기]

① 생애 ② 훼손 ③ 유적 ④ 개방

[어휘와 친해지기]

1. 판
   ▶ 평판: 세상 사람들의 비평

2. 유적, 개방

3.

	비슷한 말	반대말
해박하다	유식하다	무식하다
훼손	파손	보존

▶ 유식하다: 지식이 많다(↔ 무식하다)

파손: 깨어져 못 쓰게 됨

보존: 잘 보호하고 지켜 남김

[어휘 공부하기]

1. ①
   ▶ 몸부림치다: 심하게 온몸을 흔들고 마주 닿다

   휘두르다: 사람이나 일을 제 마음대로 마구 다루다

2. 살아 있는 한평생의 기간

3. ④
   ▶ ④에는 '생소하다'를 쓰는 것이 적절합니다. '생소하다'는 '어떤 대상이 친숙하지 못하고 낯설다'라는 뜻입니다.

   ①에는 '생생하다', ②에는 '뒤엉키다', ③에는 '쓰다듬다'가 알맞습니다.

[어휘 확장하기]

1. ④
   ▶ 마을에는 고려 시대 유적이 있다고 했고, 역사학자의 조언은 글에 구체적으로 언급되어 있지 않습니다.

2. ①
   ▶ 혀를 차다: 마음이 언짢거나 유감의 뜻을 나타내다

   혀가 짧다: 발음이 명확하지 않거나 말을 더듬다

   혀가 꼬부라지다: 병이 들거나 술에 취하여 발음이 똑똑하지 않다

▶ 십 년이면 강산도 변한다: 세월이 흐르면 모든 것이 다 변한다

사공이 많으면 배가 산으로 간다: 책임지는 사람 없이 여러 사람이 자기주장만 내세우면 일이 제대로 되기 어렵다

소문난 잔치에 먹을 것 없다: 떠들썩한 소문이나 큰 기대에 비하여 실속이 없거나 소문이 실제와 일치하지 않는다

서당 개 삼 년에 풍월을 읊는다: 어떤 분야에 지식과 경험이 전혀 없는 사람이라도 그 부문에 오래 있으면 얼마간의 지식을 쌓게 된다

오르지 못할 나무는 쳐다보지도 마라: 자기 능력 밖의 불가능한 일에 처음부터 욕심을 내지 않는 것이 좋다

[어휘와 만나기]

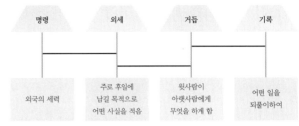

(사다리 선은 예시 답안입니다.)

[어휘와 친해지기]

1. ① 명복　② 흥건히　③ 침략
   ▶ 명복: 죽은 이가 평안히 잠들기를 말없이 속으로 빎

2. 외
   ▶ 외출: 집이나 근무지 따위에서 벗어나 잠시 밖으로 나감
   야외: 시가지에서 조금 멀리 떨어져 있는 들판

3. ① ⓒ　② ⓐ

[어휘 공부하기]

1. 게다가
   ▶ 재차: 거듭하여 다시

2. 여의고

3. ③
   ▶ 명소: 경치, 옛 문화를 보여주는 건물이나 터, 일정한 곳에서 생산되는 물건 등으로 널리 알려진 곳

[어휘 확장하기]

1. 기록

2. ③
   ▶ 변을 당하다: 갑자기 생긴 재앙이나 괴이한 일을 겪다
   눈을 굴리다: 눈동자를 이리 돌렸다 저리 돌렸다 하다
   배가 아프다: 남이 잘되어 심술이 나다

3. 등
   ▶ 등에 찬물을 끼얹는 듯: 정신이 아찔하고 몹시 긴장됨
   등을 떠밀다: 일을 억지로 시키거나 부추기다

[어휘와 만나기]

① 까먹다   ② 듬뿍   ③ 휘젓다   ④ 발름거리다

[어휘와 친해지기]

1. 손쉽게, 깜빡했다
   ▶ 소홀하다: 탐탁하지 않고 데면데면하다
   허술하다: 치밀하지 못하고 엉성하여 빈틈이 있다
   손쉽다: 어떤 것을 다루거나 어떤 일을 하기 퍽 쉽다
   탕진하다: 돈이나 값나가는 물건을 다 써서 없애다
   나부끼다: 가벼운 물체가 바람을 받아서 가볍게 흔들리다

2. ① 조금   ② 든든했다
   ▶ 든든하다: 어떤 것에 대한 믿음으로 마음이 허전하거나 두렵지 않고 굳세다
   틀어지다: 마음이 언짢아 토라지다

3. ① 휘저   ② 발름거렸다[발름거린다]

[어휘 공부하기]

1. ③
   ▶ ③에는 '오르다'가 적절합니다. '오르다'는 '탈것에 탄다'는 뜻입니다.
   ② '불리다'는 '곡조에 맞춰 노래의 가사가 소리 내지다'는 의미로, ④ '불리다'는 '이름이나 명단이 소리 내어 읽히며 대상이 확인된다'는 뜻으로 쓰였습니다.

2. ① ㉠   ② ㉡

3. ① 어떤 특정한 음식만을 가려서 즐겨 먹음
   ② 둘 이상의 사람이나 단체가 같은 자격으로 관계를 가짐

[어휘 확장하기]

1. 토라

2. ②
   ▶ 자수성가(自手成家): 물려받은 재산 없이 자기 혼자 힘으로 집안을 일으키고 재산을 모음
   고성방가(高聲放歌): 술에 취하여 거리에서 큰 소리를 지르거나 노래를 부르는 짓

일확천금(一攫千金): 힘들이지 않고 단번에 많은 재물을 얻음

3. ①
   ▶ 귀를 기울이다: 주의를 집중해서 잘 듣다
   귀가 따갑다: 너무 여러 번 들어서 듣기가 싫다
   귀를 의심하다: 믿기 어려운 이야기를 들어 잘못 들은 것이 아닌가 생각하다
   귀가 어둡다: 남의 말을 잘 이해하지 못하거나 둔하다

[어휘와 만나기]

① 토종 ② 건설 ③ 편견 ④ 폭우

[어휘와 친해지기]

1. ① 헛디디다 ② 불어나다 ③ 판결

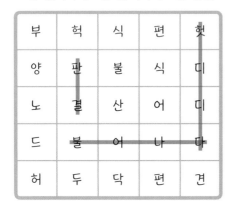

부	혁	식	편	헛
양	판	불	식	디
노	결	산	어	디
드	불	어	나	다
허	두	닥	편	견

2. ① 편견   ② 폭우   ③ 토종
   ▶ 폭식: 음식을 한꺼번에 지나치게 많이 먹음
   별종: 보통의 것과 달리 이상한 행동을 보이는 별다른 종류

3. 하마터면
   ▶ 그제야: 앞에서 이미 이야기한 바로 그때에 이르러서야 비로소
   하마터면: 조금만 잘못했더라면(위험한 상황을 겨우 벗어났을 때 사용하는 말)

[어휘 공부하기]

1. ②
   ▶ 상류: 강이나 내의 처음 시작에 가까운 부분
   오류: 잘못되어 이치에 맞지 않는 일
   일류: 어떤 방면에서 첫째가는 지위나 부류

2. ① ㉡   ② ㉠   ③ ㉢

3. 우리 마을과 옆 마을을 잇는 다리가 <u>건축</u> 중이다.
   ▶ 건국: 나라를 세움
   건장: 몸이 튼튼하고 기운이 셈
   건배: 술좌석에서 서로 잔을 들어 축하하거나 건강 또는 행운을 비는 일

[어휘 확장하기]

1. ③
   ▶ 물에 잠길 수도 있겠다는 걱정을 하긴 했지만, 실제로 완전히 잠겼다는 내용은 없습니다.

2. ③
   ▶ 달면 삼키고 쓰면 뱉는다: 옳고 그름이나 믿음과 의리를 돌보지 않고 자기의 이익만 꾀하다
   뛰는 놈 위에 나는 놈 있다: 아무리 재주가 뛰어나다 하더라도 그보다 더 뛰어난 사람이 있다
   공든 탑이 무너지랴: 힘을 다하고 정성을 다하여 한 일은 그 결과가 반드시 헛되지 않다
   배보다 배꼽이 더 크다: 기본이 되는 것보다 덧붙이는 것이 더 많거나 크다

3. ③
   ▶ 외래종: 다른 나라에서 들어온 씨나 품종
   호우: 줄기차게 내리는 크고 많은 비
   색안경: 주관이나 선입견에 얽매여 좋지 아니하게 보는 태도
   변심: 마음이 변함

[어휘와 만나기]

① 책망 ② 온정 ③ 정당 ④ 신분

[어휘와 친해지기]

1. 책
   ▶ 자책: 자신의 결함이나 잘못에 대하여 스스로 깊이 뉘우치고 자신을 책망함

2. 꼼짝없이, 말미암아

3.

	비슷한 말	반대말
온정	사랑	무정
정당	공정	부당

   ▶ 무정: 따뜻한 정이 없이 쌀쌀맞고 인정이 없음
   공정: 공평하고 올바름
   부당: 이치에 맞지 않음

[어휘 공부하기]

1. ④
   ▶ 가로막다: 말이나 행동, 일 따위를 제대로 하지 못하도록 방해하거나 막다
   가로채다: 옆에서 갑자기 쳐서 빼앗다
   억압하다: 자기의 뜻대로 자유로이 행동하지 못하도록 억지로 억누르다

2. 깜짝 놀라 몸을 갑자기 떠는 듯이 움직이다

3. ④
   ▶ ④에는 '아찔하다'를 쓰는 것이 적절합니다. '아찔하다'는 '갑자기 정신이 아득하고 조금 어지럽다'라는 뜻입니다.
   ①에는 '켕긴다', ②에는 '우쭐댄다', ③에는 '켕기는'이 와야 자연스럽습니다.

[어휘 확장하기]

1. ④

2. ①
   ▶ 자취를 감추다: 남이 모르게 어디로 가거나 숨다
   꼬리를 흔들다: 잘 보이려고 아양을 떨다

그릇이 크다: 큰일을 해낼 능력이나 자질을 갖추었다

3. ⑤
   ▶ 백지장도 맞들면 낫다: 쉬운 일이라도 협력하여 하면 훨씬 쉽다
   도둑이 제 발 저리다: 지은 죄가 있으면 자연히 마음이 조마조마해지다
   세 살 적 버릇이 여든까지 간다: 어릴 때 몸에 밴 버릇은 늙어 죽을 때까지 고치기 힘들다
   고래 싸움에 새우 등 터진다: 강한 자들끼리 싸우는 통에 아무 상관도 없는 약한 자가 중간에 끼어 피해를 입는다
   개구리 올챙이 적 생각 못 한다: 형편이나 사정이 전에 비하여 나아진 사람이 지난날의 어렵던 때의 일을 생각지 아니하고 처음부터 잘난 듯이 뽐내다

12. 꼬마 작가의 탄생! 77~81쪽

[어휘와 만나기]

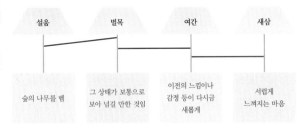

설움	벌목	여간	새삼
숲의 나무를 벰	그 상태가 보통으로 보아 넘길 만한 것임	이전의 느낌이나 감정 등이 다시금 새롭게	서럽게 느껴지는 마음

(사다리 선은 예시 답안입니다.)

[어휘와 친해지기]

1. ① 후들거리다 ② 알은체 ③ 출간
   ▶ 찌릿하다: 뼈마디나 몸의 일부가 꽤 저린 느낌이 들다

2. 창
   ▶ 창업: 사업 등을 처음 이루어 시작함

3. ① ㉠ ② ㉡

[어휘 공부하기]

1. 비책
   ▶ 비애: 슬퍼하고 서러워함
   비책: 아무도 모르게 숨긴 꾀나 방법

2. 보금자리
   ▶ '보금자리'에는 '지내기에 매우 포근하고 아늑한 곳'이라는 뜻도 있습니다.

3. ②
   ▶ 소싯적: 젊었을 때

[어휘 확장하기]

1. 알은체

2. ②
   ▶ 입이 귀밑까지 찢어지다: 기쁘거나 즐거워 입이 크게 벌어지다
   독 안에 든 쥐: 궁지에서 벗어날 수 없는 처지
   열을 올리다: 무엇에 열중하거나 열성을 보이다

3. 토끼
   ▶ 놀란 토끼 눈을 하다: 뜻밖이거나 놀라 눈을 크게 뜨다

13. 작은 시골 마을로 떠나요 83~87쪽

[어휘와 만나기]

① 휴양 ② 홍보 ③ 혼잡하다 ④ 제공

[어휘와 친해지기]

1. 여
   ▶ 여지: 어떤 일을 하거나 어떤 일이 일어날 가능성이나 희망
   여생: 앞으로 남은 인생

2. 편의, 홍보, 제공

3.

	비슷한 말	반대말
상쾌하다	산뜻하다	불쾌하다
혼잡	번잡	질서

   ▶ 산뜻하다: 기분이나 느낌이 깨끗하고 시원하다
   불쾌하다: 못마땅하여 기분이 좋지 아니하다
   번잡: 번거롭게 뒤섞여 어수선함

[어휘 공부하기]

1. ③
   ▶ 조리: 건강이 회복되도록 몸을 보살피고 병을 다스림
   소양: 평소 닦아 놓은 학문이나 지식
   교양: 문화에 대한 폭넓은 지식

2. 주로 시골에서, 여러 집이 모여 사는 곳

3. ④
   ▶ ④에는 '멈추다'를 쓰는 것이 적절합니다.
   ①에는 '캤다', ②에는 '갖추었다', ③에는 '캐셨다'가 오는 것이 알맞습니다.

[어휘 확장하기]

1. ④
   ▶ 글의 마지막에 진정한 휴양을 원한다면 우리 마을이 가장 좋은 선택이 될 거라고 나와 있습니다.

2. ①
   ▶ 입에 침이 마르다: 다른 사람이나 물건에 대하여 거듭해서 말하다

마른침을 삼키다: 몹시 긴장하거나 초조해하다

침을 삼키다: 음식 등을 몹시 먹고 싶어 하다

3. ③

▶ 칼로 물 베기: 다투었다가도 시간이 조금 지나 곧 사이가 다시 좋아짐

그 나물에 그 밥: 서로 격이 어울리는 것끼리 짝이 됨

한술 밥에 배부르랴: 어떤 일이든지 단번에 만족할 수는 없다

작은 고추가 더 맵다: 몸집이 작은 사람이 큰 사람보다 재주가 뛰어나고 야무지다

입에 쓴 약이 병에는 좋다: 자기에 대한 충고나 비판이 당장은 듣기에 좋지 않지만 그것을 달게 받아들이면 자기 마음을 닦는데 이롭다

[어휘와 만나기]

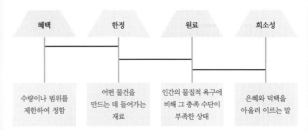

혜택	한정	원료	희소성
수량이나 범위를 제한하여 정함	어떤 물건을 만드는 데 들어가는 재료	인간의 물질적 욕구에 비해 그 충족 수단이 부족한 상태	은혜와 덕택을 아울러 이르는 말

(사다리 선은 예시 답안입니다.)

[어휘와 친해지기]

1. ① 원산지 ② 할인 ③ 협약

2. 질

   ▶ 체질: 날 때부터 지니고 있는 몸의 생리적 성질이나 건강상의 특질

3. ① ㉡ ② ㉠

[어휘 공부하기]

1. 허술하게

   ▶ 세밀하다: 자세하고 꼼꼼하다

   허술하다: 치밀하지 못하고 엉성하여 빈틈이 있다

2. 한정

   ▶ 헌정: 물품을 올림. 주로 책을 남에게 줄 때 쓰임

   주정: 술에 취하여 정신없이 말하거나 행동함

   미정: 아직 정하지 못함

3. ⑤

   ▶ 광택: 빛의 반사로 물체의 표면에서 반짝거리는 빛

   사회성: 사회생활을 하려고 하는 인간의 근본 성질

[어휘 확장하기]

1. 할인

   ▶ 할증: 일정한 값에서 얼마를 더함

2. ②

   ▶ 두 번째 문장에 보면 마을 주민들이 직접 검수도 하고 손질까지 한다고 나와 있습니다.

3. ③

▶코 묻은 돈: 어린아이가 가지고 있는 적은 돈

손발이 맞다: 함께 일을 하는데에 마음이나 의견, 행동방식 등이 서로 맞다

소금을 뿌리다: 잘되어 가는 일을 망치다

15. 우리 가족 첫 캠핑

[어휘와 만나기]

① 울창하다   ② 야영   ③ 매립   ④ 저렴하다

[어휘와 친해지기]

1. 설비, 투숙
   ▶부설: 어떤 기관 등에 딸려서 설치함
   설비: 필요한 것을 베풀어서 갖춘 시설
   설문: 조사를 하거나 통계 자료 따위를 얻기 위하여 어떤 주제에 대하여 문제를 내어 물음
   앙숙: 앙심을 품고 서로 미워하는 사이
   정박: 배가 닻을 내리고 머무름

2. ① 옹졸하다   ② 야망
   ▶옹졸하다: 성품이 너그럽지 못하고 생각이 좁다
   우거지다: 풀, 나무 등이 자라서 무성해지다
   무성하다: 풀이나 나무 따위가 자라서 우거져 있다
   들살이, 야영: 휴양이나 훈련을 목적으로 야외에 천막을 쳐 놓고 하는 생활
   야망: 크게 무엇을 이루어 보겠다는 희망

3. ① 결연   ② 매립

[어휘 공부하기]

1. ③
   ▶③에는 '적중'이 적절합니다. '적중'은 '예상이나 추측 또는 목표 등에 꼭 들어맞는다'는 뜻입니다.
   ②에 들어가는 '중턱'은 '시간이나 일의 중간쯤 되는 곳'이라는 뜻입니다.

2. ① ㉠   ② ㉡

3. ① 서로 인연을 맺거나 그런 관계
   ② 물건 등의 값이 싸다

[어휘 확장하기]

1. 야영

2. ③
   ▶꼬리를 빼다: 달아나거나 도망치다

꼬리를 내리다: 상대의 압력에 의해 자신의 의지나 주장을
꺾고 따르다

꼬리를 잡다: 감추고 있는 것을 알아내다

꼬리를 치다: 잘 보이려고 애교를 떨다

3. ②

▶ 천재지변(天災地變): 지진, 홍수, 태풍 등의 자연 현상으로
인한 재앙

춘하추동(春夏秋冬): 봄·여름·가을·겨울의 네 계절

유일무이(唯一無二): 오직 하나뿐이고 둘도 없음

입신양명(立身揚名): 출세하여 이름을 세상에 떨침

16. 신제품이 유출됐어요! 101~105쪽

[어휘와 만나기]

① 대우 ② 지원 ③ 개발 ④ 유출

[어휘와 친해지기]

1. ① 치우치다 ② 추진하다 ③ 재질

우	치	위	치	도
현	우	살	연	추
자	치	재	출	적
질	다	질	다	했
추	진	하	다	다

2. ① 침해 ② 대우 ③ 개발

▶ 폐해: 어떤 일 등에서 나타나는 옳지 못한 경향으로 인해
생기는 해

환대: 반갑게 맞아 정성껏 후하게 대접함

개최: 모임이나 회의 따위를 주최하여 엶

3. 지배

▶ 원조: 물품이나 돈 따위로 도와줌

지배: 어떤 사람이나 집단, 조직, 사물 등을 자기의 의사대
로 복종하게 하여 다스림

구호: 재해나 재난 따위로 어려움에 처한 사람을 도와 보호
함

뒷바라지: 뒤에서 보살피며 도와주는 일

[어휘 공부하기]

1. ③

▶ 유배: 죄인을 먼 시골이나 섬으로 보내던 일

유포: 세상에 널리 퍼뜨림

2. ① ㉡ ② ㉠ ③ ㉢

3. 학생 투표도 하지 않고 선생님이 직접 학급 회장
을 뽑는 일은 <u>부적절</u>하다.

▶ 부도: 어음이나 수표를 가진 사람이 기한이 되어도 그것에

적힌 돈을 지급받지 못하는 일

부재: 그곳에 있지 않음

[어휘 확장하기]

1. ③

   ▶ 글의 두 번째 문장에서 다른 회사가 우리 회사보다 먼저 신제품을 출시했다고 했습니다.

2. ①

   ▶ 마른하늘에 날벼락: 뜻하지 않은 상황에서 뜻밖에 입는 재난

   목구멍이 포도청: 먹고살기 위하여 해서는 안 될 행동까지 함

   빛 좋은 개살구: 겉만 그럴듯하고 실속이 없음

   수박 겉 핥기: 사물의 속 내용은 모르고 겉만 건드리는 일

3. ②

   ▶ 처우: 제기된 문제나 일을 잘 정돈하고 처리해 대우함. 또는 그런 대우

   추적하다: 도망하는 사람의 뒤를 밟아서 쫓다

   지장: 일하는 데 거슬리거나 방해가 되는 장애

17. 통일이 되는 행복한 상상 107~111쪽

[어휘와 만나기]

① 주저 ② 휴전 ③ 위문 ④ 분단

[어휘와 친해지기]

1. 기

   ▶ 기발하다: 유달리 재치가 뛰어나다

   기특하다: 말하는 것이나 행동하는 것이 신통하여 귀염성이 있다

2. 분단, 광경, 위문

3.

	비슷한 말	반대말
일제히	함께	따로
분단	분리	통일

[어휘 공부하기]

1. ②

   ▶ 연장하다: 시간이나 거리 등을 본래보다 길게 늘리다

   망설이다: 이리저리 생각만 하고 태도를 결정하지 못하다

   활용하다: 충분히 잘 이용하다

2. 사람이나 동물을 가슴에 붙도록 안다

   ▶ 상봉: 서로 만남

3. ③

   ▶ ③에는 '얼얼하다'를 쓰는 것이 적절합니다. '얼얼하다'는 '맵거나 독하여 혀끝이 몹시 아리고 쏘는 느낌이 있다'라는 뜻입니다.

   ①, ②에는 '해친다'가 알맞고, ④에는 '얼룩졌다'가 와야 자연스럽습니다.

[어휘 확장하기]

1. ②

2. ①

   ▶ 가슴이 미어지다: 마음이 슬픔이나 고통으로 가득 차 견디기 힘들게 되다

   가슴이 뜨끔하다: 자극을 받아 마음이 깜짝 놀라거나 양심의 가책을 받다

가슴을 펴다: 굽힐 것 없이 당당하다

3. ④

　▶ 가는 날이 장날: 어떤 일을 하려고 하는데 뜻하지 않은 일을 공교롭게 당함

　싼 것이 비지떡: 값이 싼 물건은 품질도 그만큼 나쁘게 마련이라는 말

　그물에 걸린 고기: 이미 잡혀 옴짝달싹 못하고 죽을 지경에 빠졌음

　하늘의 별 따기: 무엇을 얻거나 성취하기가 매우 어려운 경우

　칼로 물 베기: 다투었다가도 시간이 조금 지나 곧 사이가 다시 좋아지는 경우

[어휘와 만나기]

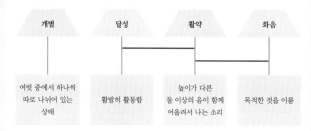

(사다리 선은 예시 답안입니다.)

[어휘와 친해지기]

1. ① 절이다　② 이롭다　③ 쭈뼛거리다

2. 활

　▶ 쾌활하다: 명랑하고 활발하다

3. ① ㉠　② ㉡

[어휘 공부하기]

1. 시시할

　▶ 시시하다: 신통한 데가 없고 하찮다

　밋밋하다: 생긴 모양 등이 두드러진 특징이 없이 평범하다

　담백하다: 아무 맛이 없이 싱겁다

2. 맨손

　▶ 맨입: 아무런 대가도 치르지 않은 상태를 비유적으로 이르는 말

3. ⑤

　▶ 결별: 때를 정하지 않은 이별

　소음: 불규칙하게 뒤섞여 불쾌하고 시끄러운 소리

　미달: 어떤 한도에 이르거나 미치지 못함

[어휘 확장하기]

1. 달성

2. 비

　▶ 땀이 비 오듯 하다: 땀이 몹시 흐르다

　비가 오나 눈이 오나: 아무리 어려움이 있어도 언제나 한결같이

3. ③

▶ 몸이 근질근질하다: 몹시 하고 싶은 일을 억지로 참느라고 힘이 들다

입에 거미줄 치다: 가난하여 먹지 못하고 오랫동안 굶다

배를 불리다: 재물이나 이득을 많이 차지하여 개인적인 이익과 욕심을 채우다

[어휘와 만나기]

① 주름　② 벗기다　③ 방수　④ 건조

[어휘와 친해지기]

1. 관리, 눅눅하다
   ▶ 갱신: 이미 있던 것을 고쳐 새롭게 함
   경신: 기록 경기에서 이전의 기록을 깨뜨림
   소소하다: 작고 대수롭지 아니하다
   눅눅하다: 축축한 기운이 약간 있다
   싹싹하다: 눈치가 빠르고 성품이 상냥하고 시원하다

2. ① 주거　② 한층
   ▶ 주거: 일정한 곳에 머물러 삶
   한층: 일정한 정도에서 한 단계 더

3. ① 방수　② 벗긴다[벗기다]

[어휘 공부하기]

1. ②
   ▶ ②에는 '미용', '외모'와 같은 단어가 적절합니다.
   미용: 얼굴이나 머리를 아름답게 매만짐
   ④에 쓰인 '유용'은 '남의 돈이나 물품을 허가 없이 다른 일에 돌려쓴다'라는 뜻입니다.

2. ① ㉡　② ㉢　③ ㉠

3. ① 스며들거나 새거나 넘쳐흐르는 물을 막음
   ② 말라서 물기나 습기가 없음

[어휘 확장하기]

1. 유용

2. ①
   ▶ 일장일단(一長一短): 어떤 한 면의 장점과 다른 한 면의 단점을 통틀어 이르는 말
   임시방편(臨時方便): 갑자기 터진 일을 우선 간단하게 둘러맞추어 처리함
   일확천금(一攫千金): 힘들이지 않고 단번에 많은 재물을 얻음
   작심삼일(作心三日): 단단히 먹은 마음이 사흘을 가지 못함

3. ①
> ▶ 밥 먹듯 하다: 보통 일처럼 아무렇지도 않게 자주 하다
> 죽도 밥도 안 되다: 어중간하여 이것도 저것도 안 되다
> 찬밥 더운밥 가리다: 어려운 형편에 있으면서 배부른 행동을 하다
> 밥 구경을 하다: 오래간만에 밥을 먹다

20. 지진이 발생했어요   125~129쪽

[어휘와 만나기]

① 연기 ② 규모 ③ 대피 ④ 거처

[어휘와 친해지기]

1. ① 매달리다 ② 수험 ③ 파손

매	상	훈	매	별
수	매	달	리	다
험	돌	수	편	식
훼	라	파	표	달
손	들	손	시	한

2. ① 인명 ② 대피 ③ 세기
> ▶ 숙명: 날 때부터 타고난 정해진 운명
> 박대: 정성을 들이지 않고 아무렇게나 하는 대접
> 세습: 한집안의 재산이나 신분, 직업 등을 대대로 물려주고 물려받음

3. 재주
> ▶ 거주지: 살고 있는 곳과 주소를 아울러 이르는 말
> 처소: 사람이 생활하거나 임시로 머무는 곳
> 주거: 일정한 곳에 머물러 삶. 또는 그런 집
> 재주: 무엇을 잘할 수 있는 타고난 능력과 슬기

[어휘 공부하기]

1. ③
> ▶ 흐릿하다: 조금 흐린 듯하다
> 흐물거리다: 힘이 없어 뭉그러지거나 자꾸 늘어지다
> 흐드러지다: 매우 탐스럽거나 한창 싱싱하게 우거져 있다

2. ① ㄴ ② ㄱ ③ ㄱ

3. 수학 시험이 일주일 <u>유예</u>되어 나는 너무 기쁘다.
> ▶ 예방: 질병이나 재해 따위가 일어나기 전에 미리 대처하여 막는 일
> 예매: 물건을 받기 전에 미리 값을 치르고 사 둠

유예: 일을 결단해 실행하는 데 날짜나 시간을 미룸. 또는 그
런 기간

[어휘 확장하기]

1. ⑤
   ▶ 땅이 흔들릴 때는 책상 밑에 대기하고 흔들림이 멈추면 푹
   신한 것으로 머리를 가리고 밖으로 대피하라고 글에 나와
   있습니다.

2. ④
   ▶ 핑계 없는 무덤이 없다: 아무리 큰 잘못을 저지른 사람도 그
   것을 변명하고 이유를 붙일 수 있다
   호랑이도 제 말 하면 온다: 어느 곳에서나 그 자리에 없다
   고 남을 흉보아서는 안 된다
   윗물이 맑아야 아랫물이 맑다: 윗사람이 잘하면 아랫사람
   도 따라서 잘하게 된다
   하늘이 무너져도 솟아날 구멍이 있다: 아무리 어려운 경우
   에 처하더라도 살아 나갈 길이 생긴다

3. ③
   ▶ 수락: 요구를 받아들임
   피난: 재난을 피하여 멀리 옮겨 감
   손상: 물체가 깨지거나 상함
   규칙: 여러 사람이 다 같이 지키기로 작정한 법칙

단어 한눈에 보기 – 한자어도 함께 알아보세요!

국어

1. 우리 집 리모컨 쟁탈전!

곧장	옆길로 빠지지 않고 곧바로
광고 廣告	상품이나 서비스에 대한 정보를 여러 매체를 통해 소비자에게 알리는 활동
끼어들다	자기 순서나 자리가 아닌 틈 사이를 비집고 들어서다
다독이다	남의 약한 점을 따뜻이 어루만져 감싸고 달래다
대꾸	남의 말을 받아들이지 않고 그 자리에서 자기 의사를 나타냄
떼다	붙어 있거나 잇닿은 것을 떨어지게 하다
예고 豫告	미리 알림
잡다	손으로 움키고 놓지 않다
전개 展開	내용을 진전시켜 펴 나감
중얼거리다	남이 알아듣지 못할 정도의 작은 목소리로 혼잣말을 자꾸 하다

2. 내가 역할극 주인공?

고꾸라지다	앞으로 고부라져 쓰러지다
드르륵	큰 물건이 미끄러지는 소리
뽐내다	자신의 어떠한 능력을 보라는 듯이 자랑하다
뽑히다	여럿 가운데에서 골라지다
쑥스럽다	하는 짓이나 모양이 자연스럽지 못하여 우습고 엉뚱한 데가 있다
어색 語塞	격식, 규범 등에 맞지 않아 자연스럽지 않음
울상(相)	울려고 하는 표정
주위 周圍	어떤 사물이나 사람을 둘러싸고 있는 것 또는 사람

토닥이다	잘 울리지 않는 물체를 가볍게 두드리는 소리를 내다
펼치다	보고 듣거나 감상할 수 있게 사람들 앞에 주의를 끌 만한 상태로 나타내다

3. 어느 쪽일까요? 맞혀 보세요

가르다	쪼개거나 나누어 따로따로 되게 하다
그대로	모양이나 상황 등이 바뀌지 않고 본래 있던 그 자체
눈짓	눈을 움직여 상대편에 어떤 뜻을 전달하거나 암시하는 동작
얄밉다	말이나 행동이 약아서 눈치나 행동 등이 재빠르고 밉다
자격 資格	일정한 신분을 갖거나 일을 하는 데 필요한 조건이나 능력
자꾸	여러 번 반복하거나 끊임없이 계속하여
재촉	어떤 일을 빨리하도록 조름
참견 參見	자기와 관계없는 일에 끼어들어 쓸데없이 이래라저래라 함
택(擇)하다	여럿 가운데서 고르다
후끈	흥분이나 긴장 등이 갑자기 아주 고조되는 모양

4. 배가 너무 고파요!

다그치다	일이나 행동 따위를 빨리 끝내려고 몰아치다
당부 當付	말로 단단히 부탁함. 또는 그런 부탁
더듬거리다	무엇을 찾거나 알아보려고 이리저리 자꾸 만지다
메스껍다	먹은 것이 되넘어 올 것같이 속이 몹시 울렁거리는 느낌이 있다
야만 野蠻	교양이 없고 무례함. 또는 그런 사람
양해 諒解	남의 사정을 잘 헤아려 너그러이 받아들임
작정 作定	일을 어떻게 하기로 결정함. 또는 그런 결정

종일 終日	아침부터 저녁까지 내내
쫄쫄	끼니를 굶어 아무것도 먹지 못한 모양
헤치다	앞에 걸리는 것을 좌우로 물리치다

5. 보물찾기 대작전

견디다	사람 등이 어려운 환경에 굴복하지 않고 버티면서 살아 나가다
공감 共感	남의 감정, 의견 등에 자기도 그렇다고 느낌
낯설다	전에 본 기억이 없어 익숙하지 않다
담다	어떤 물건을 그릇 등에 넣다
말리다	물기를 다 날려서 없애다
상(傷)하다	근심, 슬픔, 노여움 등으로 마음이 언짢아지다
요소 要素	사물의 성립이나 효력 발생에 꼭 필요한 성분이나 조건
움찔	깜짝 놀라 갑자기 몸을 움츠리는 모양
잠잠(潛潛)하다	분위기나 활동 따위가 소란하지 않고 조용하다
초급 初級	맨 처음 또는 최저의 등급이나 단계

6. 농산물 직거래 현장!

몫	여럿으로 나누어 가지는 각 부분
산(山)더미	물건이 많이 쌓여 있음을 비유적으로 이르는 말
손해 損害	물질적으로나 정신적으로 얻는 것이 적음
신용 信用	사람이나 사물이 틀림없다고 믿어 의심하지 않음
옥신각신	서로 옳으니 그르니 하며 다투는 모양

원칙 原則	어떤 행동이나 이론 등에서 일관되게 지켜야 하는 기본적인 규칙이나 법칙
이익 利益	일정 기간의 총수입에서 그것을 위하여 들인 비용을 뺀 나머지 액수
피땀	무엇을 이루기 위해 애쓰는 노력과 정성을 비유적으로 이르는 말
하필 何必	다른 방도를 취하지 않고 어찌하여 꼭
흥정	물건을 사고팔기 위해 품질이나 가격 등을 의논함

7. 우리 동네 유적지 개방

개방 開放	문이나 어떤 공간 등을 열어 자유롭게 드나들고 이용하게 함
뒤엉키다	사람이나 동물 등이 한 무리를 이루거나 마구 달라붙다
생생하다	바로 눈앞에 보는 것처럼 명백하고 또렷하다
생애 生涯	살아 있는 한평생의 기간
쓰다듬다	손으로 살살 쓸어 어루만지다
애쓰다	마음과 힘을 다하여 무엇을 이루려고 힘쓰다
유적 遺跡 / 遺蹟	건축물이나 싸움터 또는 역사적인 사건이 벌어졌던 곳
판단 判斷	사물을 인식하여 논리나 기준 등에 따라 판정을 내림
해박(該博)하다	여러 방면으로 배워서 얻은 지식이 넓다
훼손 毀損	헐거나 깨뜨려 못 쓰게 만듦

8. 반복되는 외세의 침략

거듭	어떤 일을 되풀이하여
기록 記錄	주로 후일에 남길 목적으로 어떤 사실을 적음
명령 命令	윗사람이 아랫사람에게 무엇을 하게 함

명복 冥福	죽은 뒤 저승에서 받는 복
성하다	몸에 병이나 탈이 없다
여의다	부모나 사랑하는 사람이 죽어서 이별하다
외세 外勢	외국의 세력
침략 侵略	정당한 이유 없이 남의 나라에 쳐들어감
펄펄	많은 양의 물이나 기름 등이 계속해서 몹시 끓는 모양
흥건히	물 등이 푹 잠기거나 고일 정도로 많게

9. 급식 시간에 벌어진 일

거뜬하다	다루기에 무게가 적고 간편하거나 손쉽다
공동 共同	둘 이상의 사람이나 단체가 함께 일하거나 같은 자격으로 관계를 가짐
까먹다	어떤 사실이나 내용 등을 잊어버리다
듬뿍	넘칠 정도로 매우 가득하거나 수북한 모양
발름거리다	탄력 있는 물체가 부드럽게 조금 넓게 자꾸 벌렸다 오므렸다 하다
불리다	물에 젖게 해서 크기를 커지게 하다
토라지다	마음에 들지 않고 뒤틀려서 싹 돌아서다
퍼지다	끓이거나 삶은 것이 불어서 커지거나 잘 익다
편식 偏食	어떤 특정한 음식만을 가려서 즐겨 먹음
휘젓다	골고루 섞이도록 마구 젓다

10. 우리 마을에 댐이 생겨요

건설 建設	건물, 설비, 시설 등을 새로 만들어 세움
불어나다	몸이나 수량 등이 처음보다 커지거나 많아지다

비로소	그 전까지 이루어지지 않던 일이 이루어지거나 변화하기 시작함
잠기다	물속에 물체가 넣어지거나 가라앉게 되다
토종 土種	처음부터 그곳에서 나는 동물이나 식물의 종류
판결 判決	시비나 선악을 판단하여 결정함
편견 偏見	공정하지 못하고 한쪽으로 치우친 생각
폭우 暴雨	갑자기 세차게 쏟아지는 비
하류 下流	강이나 내의 아래쪽 부분
헛디디다	발을 잘못 디디다

국어 활동

11. 암행어사 출두요!

감추다	어떤 사실이나 감정 등을 남이 모르게 하다
꼼짝없이	현재의 상태를 벗어날 방법이나 가능성이 전혀 없이
말미암다	어떤 현상이나 사물 등이 원인이나 이유가 되다
소스라치다	깜짝 놀라 몸을 갑자기 떠는 듯이 움직이다
신분 身分	개인의 사회적인 위치나 계급
온정 溫情	따뜻한 사랑이나 인정
우쭐대다	의기양양하여 자꾸 뽐내다
정당 正當	이치에 맞아 올바르고 마땅함
책망 責望	잘못을 꾸짖거나 나무라며 못마땅하게 여김
켕기다	마음속으로 겁이 나고 탈이 날까 불안해하다

12. 꼬마 작가의 탄생!

벌목 伐木	숲의 나무를 벰
보금자리	새가 알을 낳거나 사는 곳
새삼	이전의 느낌이나 감정 등이 다시금 새롭게
설움	서럽게 느껴지는 마음
알은체	어떤 일에 관심을 가지는 듯한 태도를 보임
여간 如干	그 상태가 보통으로 보아 넘길 만한 것임
전폭적 全幅的	전체에 걸쳐 남김없이 완전한
창작 創作	예술 작품을 독창적으로 지어냄. 또는 그 예술 작품
출간 出刊	서적이나 회화 등을 인쇄하여 세상에 내놓음
후들거리다	팔다리나 몸이 자꾸 크게 떨리다

사회

13. 작은 시골 마을로 떠나요

갖추다	있어야 할 것을 가지거나 차리다
상쾌(爽快)하다	느낌이 시원하고 산뜻하다
여가 餘暇	일이 없어 남는 시간
제공 提供	무엇을 내주거나 갖다 바침
촌락 村落	주로 시골에서, 여러 집이 모여 사는 곳
캐다	땅속에 묻혀 있는 자연 생산물을 파서 꺼내다
편의 便宜	형편이나 조건 등이 편하고 좋음
혼잡(混雜)하다	여럿이 한데 뒤섞이어 어수선하다

홍보 弘報	널리 알림
휴양 休養	편안히 쉬면서 몸과 마음을 잘 돌봄

14. 유기농 제품을 팝니다

꼼꼼하다	빈틈이 없이 차분하고 조심스럽다
손질	손을 대어 잘 매만지는 일
원료 原料	어떤 물건을 만드는 데 들어가는 재료
원산지 原産地	물건의 생산지
품질 品質	물건의 성질과 바탕
한정 限定	수량이나 범위를 제한하여 정함
할인 割引	일정한 값에서 얼마를 뺌
협약 協約	협상에 의하여 조약을 맺음
혜택 惠澤	은혜와 덕택을 아울러 이르는 말
희소성 稀少性	인간의 물질적 욕구에 비해 그 충족 수단이 부족한 상태

15. 우리 가족 첫 캠핑

결연 結緣	서로 인연을 맺거나 그런 관계
매립 埋立	우묵한 땅이나 하천, 바다 등을 돌이나 흙 등으로 채움
숙박 宿泊	여관이나 호텔 등에서 잠을 자고 머무름
시설 施設	도구, 기계, 장치 따위를 베풀어 갖춤
야영 野營	휴양이나 훈련을 목적으로 야외에 천막을 쳐 놓고 하는 생활
울창(鬱蒼)하다	나무가 빽빽하게 우거지고 푸르다

저렴(低廉)하다	물건 등의 값이 싸다
접(接)하다	소식이나 명령 등을 듣거나 받다
중(中)턱	산이나 고개, 바위 등의 중간쯤 되는 곳
터전	살림의 근거지가 되는 곳

16. 신제품이 유출됐어요!

개발 開發	새로운 물건을 만들거나 새로운 생각을 내놓음
대우 待遇	어떤 사회적 관계나 태도로 대하는 일
바탕	사물이나 현상의 근본을 이루는 것
부당 不當	이치에 맞지 아니함
유출 流出	귀중한 물품이나 정보가 불법적으로 나라나 조직 밖으로 나감
재질 材質	재료가 가지는 성질
지원 支援	지지하여 도움
추진(推進)하다	목표를 향하여 밀고 나가다
치우치다	균형을 잃고 한쪽으로 쏠리다
침해 侵害	침범하여 해를 끼침

도덕

17. 통일이 되는 행복한 상상

광경 光景	벌어진 일의 형편과 모양

기적 奇跡/奇迹	상식으로는 생각할 수 없는 기이한 일
보듬다	사람이나 동물을 가슴에 붙도록 안다
분단 分斷	동강이 나게 끊어 가름
얼룩지다	겉부분에 얼룩이 생기다
위문 慰問	위로하기 위하여 안부를 묻거나 방문함
일제(一齊)히	여럿이 한꺼번에
주저 躊躇	머뭇거리며 망설임
해(害)치다	다치게 하거나 죽이다
휴전 休戰	전쟁하는 양측이 서로 합의하여, 전쟁을 얼마 동안 멈추는 일

18. 우리 가족 김치 담그는 날

개별 個別	여럿 중에서 하나씩 따로 나뉘어 있는 상태
다지다	고기, 채소 등을 여러 번 칼질하여 잘게 만들다
달성 達成	목적한 것을 이룸
맨손	아무것도 끼거나 감지 않은 손
밍밍하다	음식 등이 제맛이 나지 않고 몹시 싱겁다
이(利)롭다	이익이 있다
절이다	채소나 생선 등을 소금기나 식초 등에 담가 간이 배게 하다
쭈뼛거리다	어줍거나 부끄러워서 자꾸 머뭇거리거나 주저주저하다
화음 和音	높이가 다른 둘 이상의 음이 함께 어울려서 나는 소리
활약 活躍	활발히 활동함

파손 破損	깨어져 못 쓰게 됨
흩어지다	한데 모였던 것이 따로따로 떨어지거나 사방으로 퍼지다

19. 옷을 세탁했어요!

건조 乾燥	말라서 물기나 습기가 없음
노폐물 老廢物	땀, 오줌 등에 섞여 몸 밖으로 배출되는 불필요한 찌꺼기
방수 防水	스며들거나 새거나 넘쳐흐르는 물을 막음
벗기다	몸에 착용한 물건을 몸에서 떼어 내게 하다
소재 素材	어떤 것을 만드는 데 바탕이 되는 재료
유용 有用	쓸모가 있음
유지 維持	어떤 상태나 상황을 그대로 보존하거나 변함없이 계속하여 지탱함
주름	종이나 옷감 등의 구김살
축축하다	물기가 있어 젖은 듯하다
한참	시간이 상당히 지나는 동안

20. 지진이 발생했어요

거처 居處	일정하게 자리를 잡고 사는 일. 또는 그 장소
규모 規模	사물이나 현상의 크기나 범위
대피 待避	위험이나 피해를 입지 않도록 일시적으로 피함
매달리다	줄, 끈, 실 등에 잡아매여서 달리다
세기 世紀	백 년을 단위로 하는 기간
수험 受驗	시험을 치름
연기 延期	정해진 때를 뒤로 물려서 늘림
인명 人命	사람의 목숨